W9-AUX-091

LAB MANUAL/WORKBOOK

Голоса

A Basic Course in Russian

JOANNA ROBIN

The George Washington University

KATHRYN HENRY

University of Iowa

RICHARD ROBIN

The George Washington University

Prentice Hall
Englewood Cliffs, New Jersey 07632

Executive Editor: Steve Debow
Director of Development: Marian Wassner
Development and Project Editor: Tünde A. Dewey
Managing Editor, Production: Jan Stephan
Production Coordinator: Herb Klein
Editorial Assistant: Maria F. Garcia
Design Supervisor: Christine Gehring-Wolf
Illustrators: Mikhail Gipsov and Yelena Gipsov
Cover Design: Aron Graphics

© 1994 by Prentice-Hall, Inc.
A Paramount Communications Company
Englewood Cliffs, New Jersey 07632

All rights reserved. No part of this book may be reproduced, in any form or by any means, without permission in writing from the publisher.

Printed in the United States of America
10 9 8 7 6 5 4 3 2 1

ISBN 0-13-257445-4

Prentice-Hall International (UK) Limited, *London*
Prentice-Hall of Australia Pty. Limited, *Sydney*
Prentice-Hall Canada Inc., *Toronto*
Prentice-Hall Hispanoamericana, S. A., *Mexico*
Prentice-Hall of India Private Limited, *New Delhi*
Prentice-Hall of Japan, Inc., *Tokyo*
Simon & Schuster Asia Pte. Ltd., *Singapore*

СОДЕРЖАНИЕ

АЛФАВИТ

ДАВАЙТЕ ПОСЛУШАЕМ И ПОЧИТАЕМ

Listening and reading

1. Listen to the list of the authors to be covered in an upcoming literature class.

   a. Check the names you hear.

Аксёнов	Гончаров	Горький	Достоевский	Лермонтов
Лимонов	Набоков	Олеша	Пушкин	Синявский
Солженицын	Толстой	Тургенев	Чехов	Чуковский

   b. Will the course cover 19th, 20th, or 19th *and* 20th century literature?

2. Listen to the itinerary for a trip, and check off the cities named.

Владивосток	Кишинёв
Киев	Таллин
Ереван	Санкт-Петербург
Москва	Одесса
Ялта	Новосибирск
Томск	Омск

3. Listen to the list of lottery prizes, and check off the ones named.

телевизор	радио	саксофон	телефон
компьютер	диван	трактор	гитара
самовар	лампа	машина	термометр
фотоаппарат	сигареты	пианино	шоколад

4. Listen to the announcer on tape read the names of people to be invited to a party, and check off the names you hear.

—Боская Анна Сергеевна
Вишевская Наталья Николаевна
—Владимиров Григорий Николаевич
Владимирова Зинаида Васильевна
—Гагарин Павел Павлович
—Литвинов Николай Михайлович
Иванов Дмитрий Ильич
Иванова Елена Владимировна
—Павлова Мария Петровна
Петров Петр Павлович
—Шукшин Сергей Петрович

5. Russian authors.

a. Listen to the names of a number of famous Russian authors. Match the last names to the first names and patronymics below.

1. Анна Андреевна	1 Ахматова
2. Александр Исаевич	3 Ахмадулина
3. Белла Ахатовна	15 Берберова
4. Андрей Донатович	9 Гинзбург
5. Зинаида Николаевна	5 Гиппиус
6. Антон Павлович	14 Достоевский
7. Вера Фёдоровна	12 Жукова
8. Борис Леонидович	13 Лермонтов
9. Евгения Семёновна	7 Панова
10. Лев Николаевич	8 Пастернак
11. Марина Ивановна	4 Синявский
12. Марья Семёновна	2 Солженицын
13. Михаил Юрьевич	10 Толстой
14. Федор Михайлович	11 Цветаева
15. Нина Николаевна	6 Чехов

b. Have you read any of these authors' works? If so, be prepared to tell the class a little about what you read.

c. What other Russian writers do you know?

Имя и фамилия ______________________________

ДАВАЙТЕ ПОЧИТАЕМ

Reading

A. RECOGNIZING PRINTED RUSSIAN LETTERS

6. The following Russian words are cognates—they may not *look* like their English counterparts, but they *sound* like them. Match the Russian and English words.

__1__ диван	1. couch
__6__ компьютер	2. radio
__5__ телефон	3. television
__2__ радио	4. chair
__4__ стул	5. telephone
__3__ телевизор	6. computer
__9__ банан	7. grapefruit
__8__ кофе	8. coffee
__10__ лимон	9. banana
__7__ грейпфрут	10. lemon
__13__ зебра	11. leopard
__14__ тигр	12. giraffe
__11__ леопард	13. zebra
__12__ жираф	14. tiger
__17__ гитара	15. trombone
__18__ кларнет	16. flute
__20__ пианино	17. guitar
__19__ саксофон	18. clarinet
__15__ тромбон	19. saxophone
__16__ флейта	20. upright piano

Kō fay

Имя и фамилия ______________________________

7. State Names.

   a. Match the Russian names of the states with their English equivalents.
   b. Underline the Russian names of the thirteen original colonies. Pronounce them.
   c. Place a check mark next to the Russian names of the states you have visited. Pronounce them.
   d. Highlight in yellow the Russian names of the states you have lived in. Pronounce them.

19 Мэн
29 Нью-Хэ́мпшир
45 Вермо́нт
39 Род-Айленд
21 Массачу́сетс
30 Нью-Дже́рси
32 Нью-Йо́рк
38 Пенсильва́ния
7 Конне́ктикут
8 Делавэ́р
20 Мэриле́нд
51 о́круг Колу́мбия
46 Вирги́ния
40 Южная Кароли́на
10 Джо́рджия
9 Флори́да
35 Ога́йо
22 Мичига́н
14 Индиа́на
13 Иллино́йс
49 Виско́нсин
23 Миннесо́та
15 Айо́ва
25 Миссу́ри
48 За́падная Вирги́ния
33 Се́верная Кароли́на

34 Се́верная Дакота
41 Южная Дако́та
27 Небра́ска
16 Канза́с
17 Кенту́кки
42 Теннесси́
1 Алаба́ма
24 Миссиси́пи
18 Луизиа́на
43 Теха́с
36 Оклахо́ма
4 Арканза́с
26 Монта́на
50 Вайо́минг
6 Колора́до
44 Юта
31 Нью-Ме́ксико
3 Аризо́на
28 Нева́да
12 Айдахо
47 Вашингто́н
37 Орего́н
5 Калифо́рния
2 Аля́ска
11 Гава́йи

1-Alabama
2-Alaska
3-Arizona
4-Arkansas
5-California
6-Colorado
7-Connecticut
8-Delaware
9-Florida
10-Georgia
11-Hawaii
12-Idaho
13-Illinois
14-Indiana
15-Iowa
16-Kansas
17-Kentucky
18-Louisiana
19-Maine
20-Maryland
21-Massachusetts
22-Michigan
23-Minnesota
24-Mississippi
25-Missouri

26-Montana
27-Nebraska
28-Nevada
29-New Hampshire
30-New Jersey
31-New Mexico
32-New York
33-North Carolina
34-North Dakota
35-Ohio
36-Oklahoma
37-Oregon
38-Pennsylvania
39-Rhode Island
40-South Carolina
41-South Dakota
42-Tennessee
43-Texas
44-Utah
45-Vermont
46-Virginia
47-Washington
48-West Virginia
49-Wisconsin
50-Wyoming
51-District of Columbia

8. Read silently the text below to find answers to the following questions. You will not know all the words, but try to answer the questions anyway.

   1. What is the person's first name?
   2. Does she work or does she go to school?
   3. Do she and her parents live in the same city?
   4. What is her mother's profession?
   5. What is her father's profession?

> Меня зовут Анна. Я студентка. Я живу в Москве. Мама и папа тоже живут в Москве. Кто они? Мама инженер, а папа журналист.

B. PALATALIZATION: HARD VS. SOFT CONSONANTS

9. a. The labels have been mixed up from the columns in the following table. Show which labels should be attached to which columns.

Animals **Foods** **Months** **Concepts** **Family members**

b. Circle the *soft consonants* in the words in the table.

январь	мать	зебра	мясо	гласность
февраль	мама	тигры	изюм	перестройка
июнь	сын	леопард	дыня	коммунизм
август	дядя	собака	бифштекс	демократия
октябрь	тёти	обезьяна	котлеты	идеология

C. RECOGNIZING ITALIC RUSSIAN LETTERS

10. Match the printed words with their italic counterparts.

_____ диван	1. *телевизор*
_____ компьютер	2. *стул*
_____ телефон	3. *диван*
_____ радио	4. *радио*
_____ стул	5. *телефон*
_____ телевизор	6. *компьютер*
_____ банан	7. *грейпфрут*
_____ кофе	8. *лимон*
_____ лимон	9. *банан*
_____ грейпфрут	10. *кофе*
_____ зебра	11. *леопард*
_____ тигр	12. *жираф*
_____ леопард	13. *зебра*
_____ жираф	14. *тигр*
_____ гитара	15. *пианино*
_____ кларнет	16. *кларнет*
_____ пианино	17. *тромбон*
_____ саксофон	18. *флейта*
_____ тромбон	19. *гитара*
_____ флейта	20. *саксофон*

Имя и фамилия ______________________________

D. RECOGNIZING CURSIVE RUSSIAN LETTERS

11. a. Match the printed words with their cursive counterparts.
    b. Circle the printed names of the subjects you have studied.

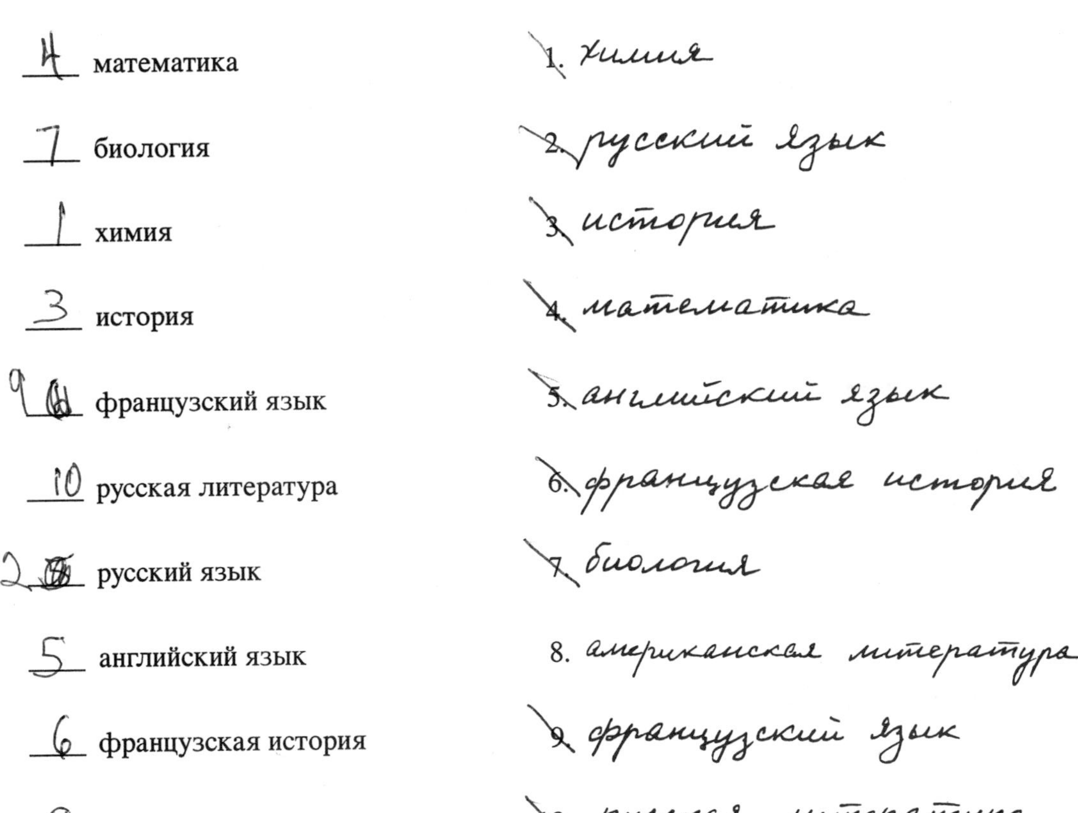

_4_ математика	1. химия
_7_ биология	2. русский язык
_1_ химия	3. история
_3_ история	4. математика
_9_ французский язык	5. английский язык
_10_ русская литература	6. французская история
_2_ русский язык	7. биология
_5_ английский язык	8. американская литература
_6_ французская история	9. французский язык
_8_ американская литература	10. русская литература

12. a. Match the printed words to their cursive counterparts. There is one extra word.
    b. Circle the word that would be a good title for the entire list.

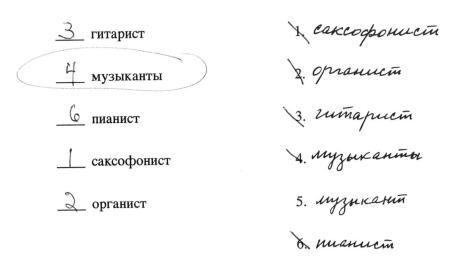

_3_ гитарист	1. саксофонист
_4_ музыканты	2. органист
_6_ пианист	3. гитарист
_1_ саксофонист	4. музыканты
_2_ органист	5. музыкант
	6. пианист

13. a. Match the printed names to their cursive counterparts.
    b. What do you know about the people listed?

_2_ Стравинский	1. Мусоргский
_4_ Чайковский	2. Стравинский
_1_ Мусоргский	3. Римский-Корсаков
_5_ Шостакович	4. Чайковский
_3_ Римский-Корсаков	5. Шостакович
_6_ Глинка	6. Глинка

14. a. Match the printed words to their cursive counterparts.
    b. Circle the word that does not fit with the others.

____ хоккей	1. регби
____ бейсбол	2. гимнастика
_10_ футбол	3. волейбол
____ фильм	4. теннис
____ гольф	5. фильм
____ баскетбол	6. хоккей
____ волейбол	7. бокс
____ гимнастика	8. бейсбол
____ бокс	9. баскетбол
____ теннис	10. футбол
____ регби	11. гольф

Имя и фамилия ___________________________

ПИСЬМЕННЫЕ УПРАЖНЕНИЯ

WRITING CURSIVE RUSSIAN LETTERS

15. Write one line of each capital and lower case letter.

А а ___________________________

____

Б б ___________________________

____

В в ___________________________

____

Г г ___________________________

____

Д д ___________________________

____

Е е ___________________________

____

Ё ё ___________________________

____

Ж ж ___________________________

____

З з ___________________________

____

Имя и фамилия ______________________

И и

Й й

К к

Л л

М м

Н н

О о

П п

Р р

С с

Т т

У у

Имя и фамилия ______________________________

Ф ф ______________________________

Х х ______________________________

Ц ц ______________________________

Ч ч ______________________________

Ш ш ______________________________

Щ щ ______________________________

ъ ______________________________

ы ______________________________

ь ______________________________

Э э ______________________________

Ю ю ______________________________

Я я ______________________________

16. a. Copy the following state names in cursive. Pay special attention to the way the letters are connected to each other.
    b. Check the states you have visited.

Айдахо ______________________________

Пенсильвания ______________________________

Мэн ______________________________

Вермонт ______________________________

Аризона Аризона ______________________________

Флорида ______________________________

Джорджия ______________________________

Огайо ______________________________

Техас ______________________________

Алабама ______________________________

Калифорния ______________________________

Арканзас ______________________________

Кентукки ______________________________

Юта ______________________________

Мичиган ______________________________

Вашингтон ______________________________

17. a. Copy the following city names in cursive.
    b. Check the U.S. cities.
    c. Put a star next to the cities you have visited.

Кишинёв ______________________________

Ялта ______________________________

Гамбург ______________________________

Нью-Йорк ______________________________

Чикаго ______________________________

Бразилия ______________________________

Литл-Рок ______________________________

Уичито ______________________________

Цинциннати ______________________________

Сент-Луис ______________________________

18. Write your name in cursive. (Ask your teacher to show you how to write your name in Russian.)

____

19. Write the Russian name of each item under the correct picture. Use the words in the box.

банан	диван	зебра	компьютер
леопард	лимон	пианино	радио
рюкзак	саксофон	гитара	стул
телевизор	тигр		

____

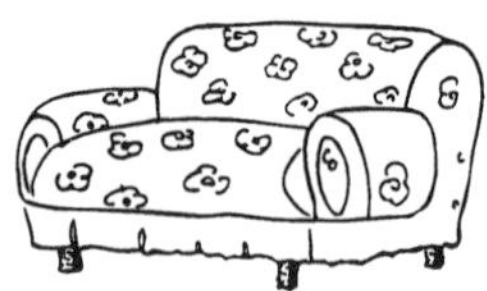
____

____

____

____

____

____

____

____

____

____

____

____

____

НЕМНОГО О СЕБЕ

ЧИСЛИТЕЛЬНЫЕ

1. Listen to the tape while looking at the script below.

0	ноль	6	шесть	5	пять	10	де́сять
1	оди́н	7	семь	4	четы́ре	9	де́вять
2	два	8	во́семь	3	три	8	во́семь
3	три	9	де́вять	2	два	7	семь
4	четы́ре	10	де́сять	1	оди́н	6	шесть
5	пять			0	ноль		

2. Listen to the tape and write down the numbers you hear (in figures, not in words!). Proceed vertically in each column.

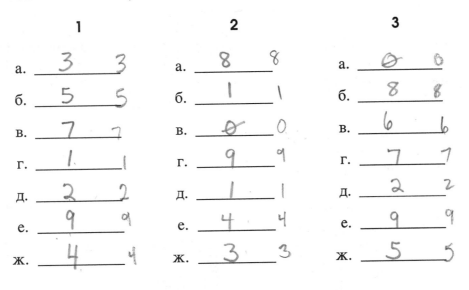

1	2	3
а. ______	а. ______	а. ______
б. ______	б. ______	б. ______
в. ______	в. ______	в. ______
г. ______	г. ______	г. ______
д. ______	д. ______	д. ______
е. ______	е. ______	е. ______
ж. ______	ж. ______	ж. ______

3. Listen to the tape and cross out the numbers you hear.

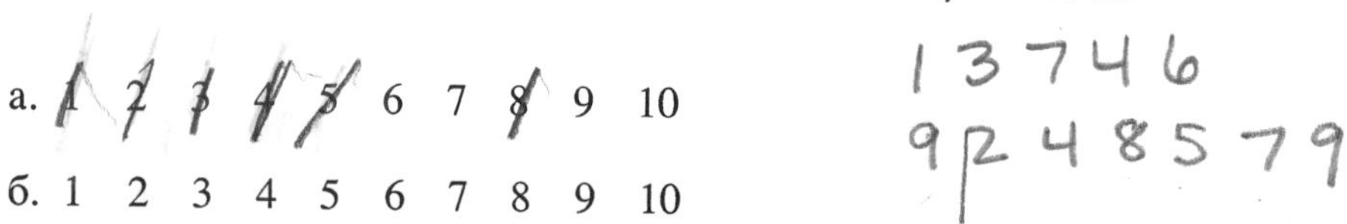

а. 1 2 3 4 5 6 7 8 9 10

б. 1 2 3 4 5 6 7 8 9 10

4. Write in the missing numbers as you listen to the tape.

__2__ + __5__ = 7

__1__ + __3__ = 4

__2__ + __6__ = 8

__4__ + __5__ = 9

__4__ + __6__ = 10

ФОНЕТИКА И ИНТОНАЦИЯ

THE RUSSIAN INTONATION SYSTEM – PRONOUNCING RUSSIAN SENTENCES

The phonetic system of a language consists not only of the individual sounds that make up words, but also of the rises and falls in pitch that accompany sentence structure. As you imitate your teacher and the models provided on tape, try to reproduce not only the sounds you hear, but also the intonation (melody) of the sentences. From the very beginning, you will be hearing and imitating all kinds of intonation contours. This unit focuses special attention on the intonation of statements.

Intonation contour 1 (IC–1) — Intonation of statements

In Russian statements, the pitch drops sharply, often on the last word. English speakers not used to this intonation pattern may think it indicates that the speaker is disgruntled. But it is perfectly neutral in Russian, and you should imitate it from the very beginning of your study.

Меня́ зову́т Джон. **Я студе́нт.** **Я живу́ в Нью-Йо́рке.**

1. Listen to the tape contrasting the falling intonation of the following Russian statements with the rising intonation of their English counterparts.

ENGLISH	**RUSSIAN**
My name is John. I'm a student. I am an American.	Меня́ зову́т Джон. Я студе́нт. Я америка́нец.
My name is Mary. I'm a student. I am Canadian.	Меня́ зову́т Мэ́ри. Я студе́нтка. Я кана́дка.
My last name is Smith. I live in Washington. I go to college.	Моя́ фами́лия Смит. Я живу́ в Вашингто́не. Я учу́сь в университе́те.
It's very nice to meet you. Me too.	Очень прия́тно познако́миться. Мне то́же.

2. Repeat the sentences you hear on the tape, imitating the intonation as closely as you can.

Men	***Women***
Я студе́нт.	Я студе́нтка.
Я америка́нец.	Я америка́нка.
Я живу́ в Аме́рике.	Я живу́ в Аме́рике.
Я учу́сь в университе́те.	Я учу́сь в университе́те.

Vowel reduction

3. Review the rules for pronouncing the letter **о** in unstressed syllables (p. 13 in the Textbook). Then repeat the following words on tape, imitating their pronunciation as closely as you can.

> unstressed **о** ➡ pronounced [a] or [ə]

1. зову́т	2. до свида́ния	3. познако́миться	4. прости́те
5. Москва́	6. прия́тно	7. о́тчество	8. у́тро

4. Review the rules for pronouncing the letter **е** in unstressed syllables (p. 15 in the Textbook). Then repeat the following words, imitating their pronunciation as closely as you can.

> unstressed **е** ➡ pronounced [ɪ]

1. америка́нец
2. америка́нка
3. о́тчество
4. о́чень
5. меня́

Имя и фамилия ______________________________

УСТНЫЕ УПРАЖНЕНИЯ

To do these exercises follow the examples on the tape. Compare your answer with the correct response. Do each exercise several times. You will know you have active control of the forms when you can supply the correct answers without hesitation.

Oral Drill 1 — (Greetings) How would you say hello to the following people the first time you meet them during the day? Use **Здра́вствуйте!** or **Здра́вствуй!**

Образе́ц:

ма́ма

Здра́вствуй ма́ма!

Еле́на Макси́мовна

Здра́вствуйте, Еле́на Макси́мовна!

Ди́ма

Ди́ма и Са́ша

Алекса́ндр Петро́вич

Та́ня

zdrost vooey

zdrost vooeytuh

Ната́лья Петро́вна

Имя и фамилия ______________________________

Oral Drill 2 — (Greetings) How would you greet someone at the times shown? Proceed vertically.

Образе́ц:

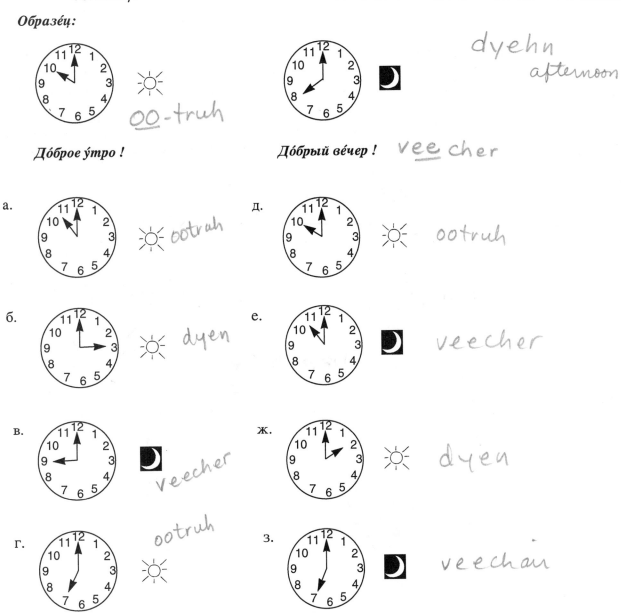

До́брое у́тро ! ***До́брый ве́чер !***

а. 

д.

б.

е.

в. 

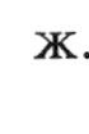

ж.

г.

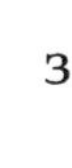

з.

Oral Drill 3 — (1.3 Nationality and gender—**америка́нец** vs. **америка́нка.**) Indicate that the following people are Americans.

Джон ⇨ ***Джон—америка́нец.***

Мэ́ри
Джим
Ли́нда
Кэ́рол
ЭванМэ́тью
Ма́рвинКэ́трин
Кэ́трин
Джейн
Мэ́тью
Ке́вин

Имя и фамилия ______________________________

Oral Drill 4 — (1.3 Nationality and gender—**кана́дец** vs. **кана́дка**) Indicate that the following people are Canadians.

Са́ра ⇨ ***Са́ра—кана́дка.***

Джон, Кэн,
Кэ́рол, Энн,
Фред

Oral Drill 5 — (1.3 Students and gender — **студе́нт** vs. **студе́нтка**) Practice asking the following people whether they are students. (*Hint:* This drill also gives you a chance to learn some common Russian first names. Put a check mark next to the men's names.)

Ната́ша ⇨ ***Ната́ша, ты студе́нтка?***

Алекса́ндр	Ка́тя
Серёжа	Та́ня
Бо́ря	Ва́ня
Ве́ра	Анато́лий
Никола́й	Оля

Oral Drill 6 — (1.6 **в** + prepositional case to indicate location) Indicate where the following people are.

Аня (институ́т) ⇨ ***Аня в институ́те.***

Анто́н (музе́й)
Мэ́ри (парк)
Анна Васи́льевна (рестора́н)
Ла́врик (шко́ла)
Бори́с Петро́вич (теа́тр)
Са́ша (университе́т)

Имя и фамилия ______________________________

Oral Drill 7 — (1.6 **в** + prepositional case to indicate location) How would the inhabitants of these places indicate where they live?

Москвá ⇨ ***Я живý в Москвé.***

Санкт-Петербýрг
Омск
Иркýтск
Нóвгород
Волгогрáд
Армéния
Хабáровск
Новосибúрск
Россúя
ЛáтвияКалифóрния
Вашингтóн
Нью-Йóрк
Бóстон
Лос-Анджелес
Сиэ́тл
Сент-Лýис
Невáда
Виргúния
Калифóрния

Oral Drill 8 — (1.6 **в** + prepositional case to indicate location) How would students who go to universities in these cities indicate where they study?

Где вы ýчитесь? (Москвá) ⇨ ***Я учýсь в Москвé.***

Санкт-Петербýрг
Ворóнеж
Екатеринбýрг
Пятигóрск
Новоросúйск
Смолéнск
Новосибúрск
Вашингтóн
Нью-Йóрк
Бóстон
Лос-Анджелес
Сиэ́тл
Сент-Лýис
Пóртленд

Oral Drill 9 — (1.6 **в** + prepositional case to indicate location) How would students at these institutions indicate where they study?

Где вы ýчитесь? (университéт) ⇨ ***Я учýсь в университéте.***

институ́т
шкóла
университéт

Oral Drill 10 — Listen to the dialog and fill in the missing words.

— Здрáвствуйте! Я нóвый ______________ .

— Очень ______________ . Джон.

— Вúктор. ________ не америкáнец?

— ______________ . ______________ в Блумингтóне, штат Индиáна.

— Недалекó от Чикáго, да? А где ты ýчишься?

— Я ______________ как раз в Чикáго.

— Вот как! Ну, ______________ ______________ с тобóй познакóмиться.

— Мне тóже.

Имя и фамилия ______________________________

ПИСЬМЕННЫЕ УПРАЖНЕНИЯ

1. (Cursive Handwriting) You have been asked to prepare placecards for a luncheon. Use your best penmanship. Here is the list of invited guests.

Ирина Васильевна Боская
Марина Яковлевна Иванова
Глеб Александрович Сергеев
Вадим Петрович Шолохов

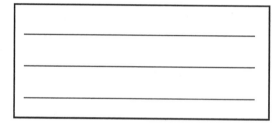

2. (Cursive Handwriting) Copy the following sentences, personalizing them as indicated.

Доброе утро!
Меня зовут .... (fill in your name)
Я живу в штате .... (fill in your state)
Я учусь в штате .... (fill in your state)

Имя и фамилия ______________________

3. (1.6 **в** + prepositional case to indicate location) Give the location of the following cities. To make the last half of this exercise more meaningful, look at the map of the former Soviet Union in the Textbook.

Таллин — Эстония ⇨ *Таллин в Эстонии.*

Бостон — Массачусетс Бостон в Массачусетсе

Чикаго — Иллинойс Чикаго в Иллинойсе

Феникс — Аризона Феникс в Аризоне

Атланта — Джорджия Атланта в Джорджии

Мэдисон — Висконсин Мэдисон в Висконсине

Майами — Флорида Майами в Флориде

Сиэтл — Вашингтон Сиэтл в Вашингтоне

Tbelese Groozlia
Тбилиси — Грузия Тбилиси в Грузии

Кишинёв — Молдова Кишинёв в Молдове

Воронеж — Россия Воронеж в России

Ташкент — Узбекистан Ташкент в Узбекистане

Бишкек — Кыргызстан Бишкек в Кыргызстане

Алма-Ата — Казахстан Алма-Ата в Казахстане

4. (1.6 **в** + prepositional case) People from the following cities are asked where they live. What will they write?

Я

(Бостон) ⇨ *Я живу́ в Бостоне.*

Нью-Йорк: Я живу́ в Нью-Йорке Нью-Йорке

Вашингтон: Я живу́ в Вашингтоне

Чикаго: Я живу в Чикаго

Лос-Анджелес: Я живу в Лос-Анджелесе

Сан-Франциско: Я живу в Сан-Франциско

Балтимор: Я живу в Балтиморе

Я живу́ в Балтиморе

Имя и фамилия ______________________________

Сан-Диего: ______________________________

Падьюка: ______________________________

Филадельфия: ______________________________

How about you? Answer the question about yourself:

____

____

5. 1.6 **в** + prepositional case) People from the following cities are asked where they go to school. What will they write?

Где вы учитесь? (Санкт-Петербург) ⇨ *Я учусь в Санкт-Петербурге.*

Москва: ______________________________

Владивосток: ______________________________

Киев: ______________________________

Рига: ______________________________

Вильнюс: ______________________________

Таллин: ______________________________

Цинциннати: ______________________________

Сакраменто: ______________________________

Буфало: ______________________________

Торонто: ______________________________

How about you? Answer the question about yourself:

____

____

Имя и фамилия ______________________________

6. **Визовая анкета.** Review the application on page 31 in the Textbook. Then fill out the form below with your information. Remember non-Russians do not have an **отчество**.

Страна ____________ Консульство Российской Федерации в США

ВИЗОВАЯ АНКЕТА

Национальность ______________________________

Гражданство ______________________________

Фамилия ______________________________

Имя, отчество ______________________________

Дата и место рождения ______________________________

Цель поездки ______________________________

Маршрут следования ______________________________

Дата въезда ________________ Дата выезда ________________

Профессия ______________________________

Место работы ______________________________

Паспорт № ______________________________

Дата ________________

Личная подпись ________________________

Имя и фамилия ______________________________

7. **О себе.** Fill in the blanks with the correct forms of the appropriate words.

______________ ! ______________ ______________ .
Hello! My name is (your name)

_____ ______________ .
I am (your nationality)

______________ _____ ______________ .
I live in (your country)

______________ _____ ______________ .
I study in a university

______________ _____ ______________ .
The university is in (name of your state)

8. **Вопросы.** The questions in this dialog have been lost. Restore them.

а. — ______________________________

— В Вашингтоне.

б. — ______________________________

— Меня зовут Ольга.

в. — ______________________________

— Смирнова.

г. — ______________________________

— Я учусь в университете.

д. — ______________________________

— Да, американка.

з. — ______________________________

— Моя фамилия Гордон.

ЧТО У МЕНЯ ЕСТЬ?

ЧИСЛИТЕЛЬНЫЕ

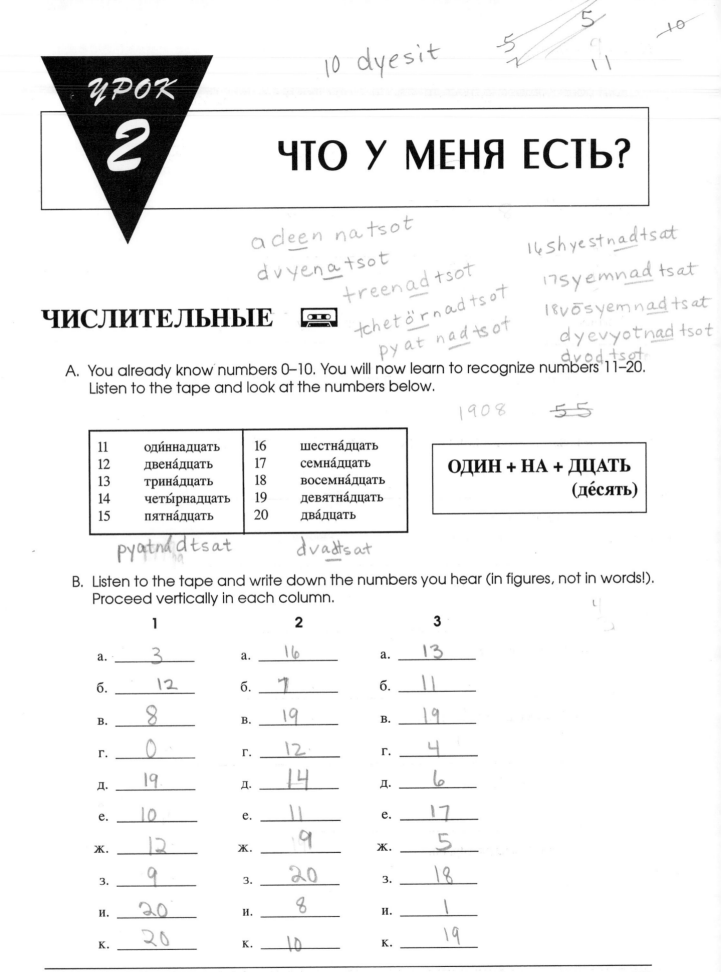

A. You already know numbers 0–10. You will now learn to recognize numbers 11–20. Listen to the tape and look at the numbers below.

11	оди́ннадцать	16	шестна́дцать
12	двена́дцать	17	семна́дцать
13	трина́дцать	18	восемна́дцать
14	четы́рнадцать	19	девятна́дцать
15	пятна́дцать	20	два́дцать

ОДИН + НА + ДЦАТЬ
(де́сять)

B. Listen to the tape and write down the numbers you hear (in figures, not in words!). Proceed vertically in each column.

1	2	3
а. ______	а. ______	а. ______
б. ______	б. ______	б. ______
в. ______	в. ______	в. ______
г. ______	г. ______	г. ______
д. ______	д. ______	д. ______
е. ______	е. ______	е. ______
ж. ______	ж. ______	ж. ______
з. ______	з. ______	з. ______
и. ______	и. ______	и. ______
к. ______	к. ______	к. ______

C. Phone numbers in medium-sized Russian cities have six digits, which are read and written in groups of tens like this: 15-13-07 пятна́дцать–трина́дцать–ноль семь. Jot down the following Минск (Белару́сь) phone numbers.

Ди́ма	12 16 20	Со́ня	14 11 09	Аня	12 09 02
Ка́тя	19 12 08	Ко́ля	14 07 17	Ира	16 13 09
Та́ня	11 09 11	Са́ша	19 15 03	Да́ша	12 09 10
Ва́ня	10 08 04	Бо́ря	20 10 17	Ми́ша	13 03 09

D. Listen to the following street addresses and fill in the blanks. Sometimes house numbers consist of digits alone, sometimes of digits plus a letter. Write the numbers, not the words.

у́лица	street	oo leetsa
дом	house	
кварти́ра	apartment	
пло́щадь	square	

а. улица Плеханова, дом 6, квартира 12.

б. Невский проспект, дом 17, квартира 9.

в. площадь Революции, дом 3 A, квартира 11.

г. Светлановский проспект, дом 19, квартира 9.

д. улица Лермонтова, дом 8, квартира 12.

е. улица Ленина, дом 19 Б, квартира 9.

ж. Кировский проспект, дом 14, квартира 19.

з. Мосфильмовская улица, дом 10 A, квартира 19.

и. площадь Победы, дом 1, квартира 6.

к. Центральная площадь, дом 5 A, квартира 15.

Имя и фамилия ______________________________

ФОНЕТИКА И ИНТОНАЦИЯ

QUESTIONS WITH QUESTION WORDS

Intonation contour 2 (IC–2)

In Russian questions with a question word, the intonation falls sharply on the word being asked about. This heavy intonation fall may sound brusque to you.

Чей э́то чемода́н? Где пода́рки? Како́й сюрпри́з?

The intonation for simple declarative sentences (IC–1) sounds less brusque.

Это мой чемода́н. Пода́рки здесь.

A. Listen to the conversations below. Indicate whether you hear IC–1 or IC–2 intonation. Underline the word emphasized.

1. a. (IC– ___) – Где ва́ша ви́за?
   b. (IC– ___) – Вот она́.
2. a. (IC– ___) – Чей э́то чемода́н?
   b. (IC– ___) – Это мой чемода́н.
   c. (IC– ___) Это то́же мой чемода́н.
3. a. (IC– ___) – Что у вас там?
   b. (IC– ___) – Это видеомагнитофо́н.
   c. (IC– ___) А это мои́ видеокассе́ты.
   d. (IC– ___) – Что на видеокассе́тах?
   e. (IC– ___) – Но́вые америка́нские фи́льмы.

B. Repeat the questions on tape imitating the intonation as closely as you can. Repeat the exercise until you are pleased with the results. Do not be afraid of sounding "rude." IC–2 may sound brusque to English speakers, but Russians perceive it as normal.

1. Как вас зову́т?
2. Как ва́ше и́мя-о́тчество?
3. Как ва́ша фами́лия?
4. Где вы живёте?
5. Где па́спорт и ви́за?
6. Где ва́ши чемода́ны?
7. Каки́е у вас кни́ги?
8. Кто э́то?

Имя и фамилия ______________________________

C. Review the rules for pronouncing the letter **o** in unstressed syllables. Then repeat the words on the tape. Imitate their pronunciation as closely as you can.

unstressed **o**	➡	pronounced [a] or [ə]

1. оде́жда
2. докуме́нты
3. пода́рок
4. чемода́н
5. большо́й
6. то́лько
7. молоде́ц
8. спаси́бо
9. пожа́луйста
10. хорошо́

D. Review the rules for pronouncing the letter **e** in unstressed syllables. Then repeat the words on tape imitating their pronunciation as closely as you can.

unstressed **e**	➡	pronounced [ɪ]

1. деклара́ция
2. чемода́н
3. ма́ленький
4. америка́нский
5. телеви́зор

УСТНЫЕ УПРАЖНЕНИЯ

Oral Drill 1 — (2.2 Plural nouns) Make these nouns plural.

Это кни́га. ⇨ ***Это кни́ги.***

чемода́н, докуме́нт, кассе́та, магнитофо́н, деклара́ция, университе́т, пла́тье, газе́та, пода́рок, студе́нт, слова́рь, ра́дио

Oral Drill 2 — (2.3 Personal pronouns) Answer the questions. Follow the model.

Где Мари́на? ⇨ ***Она́ здесь.***

Где Вале́ра?
Где ма́ма?
Где студе́нт?
Где студе́нты?
Где кана́дка?
Где Ли́нда?
Где па́па?
Где студе́нтка?
Где америка́нцы?
Где президе́нт?

Oral Drill 3 — (2.3 Personal pronouns) Answer the questions. Follow the model.

Где ви́за? ⇨ ***Ви́за? Вот она́.***

Где докуме́нты?
Где па́спорт?
Где джи́нсы?
Где кни́га?
Где ра́дио?
Где маши́на?
Где слова́рь?
Где деклара́ция?
Где чемода́н?
Где фотоаппара́т?
Где пла́тье?
Где магнитофо́н?
Где пальто́?
Где за́пись?

Oral Drill 4 — (2.4 Possessive pronouns) Respond that the following things are yours.

Чей э́то чемода́н? ⇨ ***Мой.***

Чья э́то ви́за?
Чей э́то па́спорт?
Чья э́то кни́га?
Чьё э́то ра́дио?
Чья э́то кассе́та?
Чей э́то слова́рь?
Чья э́то оде́жда?
Чьё э́то пла́тье?
Чьи э́то докуме́нты?
Чей э́то магнитофо́н?
Чья э́то деклара́ция?
Чья э́то за́пись?

Oral Drill 5 — (2.4 Possessive pronouns) Respond yes to the following questions.

Это твоя́ кассе́та? ⇨ ***Да, моя́.***

Это ваш па́спорт?
Это его́ магнитофо́н?
Это её журна́л?
Это твоя́ газе́та?
Это их докуме́нты?
Это ва́ша маши́на?
Это её пла́тье?

Oral Drill 6 — (2.2 and 2.4 Plural nouns and possessive pronouns) In order to practice more plural forms, restate these sentences in the plural.

Это мой чемода́н. ⇨ ***Это мои́ чемода́ны.***

моя́ кассе́та	наш фотоаппара́т
твоя́ кни́га	ваш магнитофо́н
мой журна́л	на́ша газе́та
твой слова́рь	ва́ша студе́нтка
моя́ ма́йка	наш университе́т
твоё пла́тье	ва́ше пла́тье

Oral Drill 7 — (2.3–2.4 Personal and possessive pronouns) Respond to the following questions as in the model. You have to think about the meaning of the possessive words!

— Где мой па́спорт? ⇨ ***— Ваш па́спорт? Вот он.***

Где их магнитофо́н?
Где мои́ джи́нсы?
Где моя́ ма́йка?
Где его́ докуме́нты?
Где наш профе́ссор?
Где твой пода́рок?
Где ва́ши докуме́нты?
Где моё пла́тье?
Где её компью́тер?

Oral Drill 8 — (2.4 **чей**) Ask to whom these items belong.

Вот докуме́нты. ⇨ ***Чьи э́то докуме́нты?***

Вот магнитофо́н.
Вот кни́га.
Вот па́спорт.
Вот ра́дио.
Вот маши́на.
Вот кассе́ты.

Oral Drill 9 — (2.4 **чей**) Look at the pictures and ask to whom the items belong. Listen to the tape to check your answers. Proceed horizontally.

Чья э́то кни́га?

а. 

б.

в.

г.

д.

е.

Oral Drill 10 — (2.5 Adjectives) Ask for information about the following items.

Маши́на. ⇨ ***Кака́я у вас маши́на?***

фотоаппара́т, кассе́ты, ра́дио, пода́рок, чемода́н, дом, газе́та

Oral Drill 11 — (2.5 Adjectives) Indicate that the following items are new.

— Кака́я у вас кни́га? ⇨ ***— Но́вая.***

Кака́я у тебя́ маши́на?
Каки́е у тебя́ кассе́ты?
Како́й у тебя́ фотоаппара́т?
Како́е у вас ра́дио?
Каки́е у вас кни́ги?
Кака́я у вас оде́жда?

Note that the word **есть** is omitted when the focus is on the item's quality rather than its existence.

Oral Drill 12 — (2.6 Adjectives) Say the opposite of everything the questioner asks.

— У тебя́ больша́я маши́на? ⇨ ***— Нет, ма́ленькая.***

У тебя́ но́вое пла́тье?
У тебя́ хоро́ший видеомагнитофо́н?
У тебя́ хоро́шая маши́на?
У тебя́ но́вый кассе́тник?
У тебя́ интере́сный журна́л?
У тебя́ ма́ленький кассе́тник?
У тебя́ краси́вая маши́на?
У тебя́ плохо́е ра́дио?
У тебя́ ста́рый чемода́н?

Oral Drill 13 — (2.8 Indicating having) Say that you have the following things.

кни́га ⇨ ***У меня́ есть кни́га.***

журна́л, газе́та, магнитофо́н, ра́дио, фотоаппара́т, ви́за, компью́тер

Oral Drill 14 — (2.8 Indicating having) Give short-form answers indicating you have the following things.

— У тебя́ есть кни́га? ⇨ ***— Да, есть.***

У тебя́ есть пода́рки?
У тебя́ есть ви́за?
У тебя́ есть кассе́ты?
У тебя́ есть газе́та?
У тебя́ есть компью́тер?
У тебя́ есть маши́на?

Oral Drill 15 — (2.8 Indicating having) Practice asking a *classmate* if s/he has these things.

маши́на ⇨ ***У тебя́ есть маши́на?***

компью́тер	магнитофо́н
ра́дио	маши́на
кассе́тник	фотоаппара́т

tebya

Oral Drill 16 — (2.8 Indicating having) Practice asking your *teacher* if s/he has the same things.

маши́на ⇨ ***У вас есть маши́на?***

компью́тер	ра́дио	кассе́тник
магнитофо́н	маши́на	фотоаппара́т

Имя и фамилия ______________________________

ПИСЬМЕННЫЕ УПРАЖНЕНИЯ

1. (2.2 Plurals of nouns)
   a. Next to each noun, write its nominative plural form.
   b. Circle each ending that involves the 7-letter spelling rule.
   c. Put an asterisk next to words that indicate things you have.

> ***Hint:*** Review the 7-letter spelling rule on p. 57.
> ***Hint:*** Remember to keep soft stems soft.

костюм	______________	чемодан	______________
документ	______________	компьютер	______________
подарок	______________	кассетник	______________
словарь	______________	журнал	______________
дом	______________	галстук	______________
газета	______________	юбка	______________
кассета	______________	книга	______________
туфля	______________	машина	______________
платье	______________	отчество	______________
пальто	______________	радио	______________

2. (2.3 Personal pronouns) Replace the nouns with pronouns by filling in the blanks with **он, она, оно,** or **они.**

1. Где моя виза?	Вот __________.
2. Где ваш паспорт?	Вот __________.
3. Где его чемодан?	Вот __________.
4. Где наши документы?	Вот __________.
5. Где твой фотоаппарат?	Вот __________.
6. Где её платье?	Вот __________.
7. Где новый видеомагнитофон?	Вот __________.
8. Где Московский университет?	Вот __________.
9. Где Марина?	Вот __________.
10. Где Маша и Юрий?	Вот __________.

Имя и фамилия ______________________________

3. (2.2 and 2.4 — Plurals) Make the following phrases plural. Circle each ending that involves the 7-letter spelling rule.

   1. мой костюм — мои костюмы
   2. твой галстук — твои галстуки
   3. твоя рубашка — твои рубашки
   4. моё платье — мои платья
   5. наша книга — наши книги
   6. твой пиджак — твои пиджаки
   7. ваш словарь — ваши словари
   8. мой подарок — мои подарки
   9. ваша декларация — ваши декларации
   10. мой свитер — мои свитера

4. (2.4 Possessive pronouns) Fill in the blanks with the correct form of the indicated word.

   а. — Это (his) его книга или (her) её книга?

   — Это (my) моя книга.

   б. — Это (her) её чемодан?

   — Нет, (theirs) их.

   в. — Где (your) ____________ словарь? ваш or твой

   — (My) ____________ словарь здесь.

   г. — Чьи это чемоданы?

   — Это (our) наши чемоданы.

   д. — Где (my) мои документы?

   — Я не знаю, где (your) ____________ документы. твои or ваши I don't know

   е. — Чья это одежда?

   — Это (our) наша одежда.

Имя и фамилия ______________________________

5. (2.4 — **чей**) Write questions about the underlined words. Follow the model.

Это моя машина. ⇨ ***Чья это машина?***

1. Это твой костюм. ______________________________
2. Это ваша кассета. ______________________________
3. Это его чемодан. ______________________________
4. Это её документы. ______________________________
5. Это их фотоаппарат. ______________________________
6. Это наш дом. ______________________________
7. Это мои брюки. ______________________________
8. Это наш словарь. ______________________________
9. Это ваш компьютер. ______________________________
10. Это её пальто. ______________________________

6. (2.5 Adjectives) Write questions about the underlined words. Follow the model.

Это новая машина. ⇨ ***Какая это машина?***

1. Это американский телевизор. Какой это телевизор
2. Это большой компьютер. какой это компьютер
3. Это русская книга. Кака́я это книга.
4. Это красивое платье. како́е это платье
5. Это американские студенты. каки́е это студенты
6. Это новые джинсы. каки́е это джинсы
7. Это Московский университет. како́й это у....
8. Это американская фамилия. кака́я это фамилия
9. Это русское имя. како́е это имя
10. Это новое платье. како́е это платье

Имя и фамилия ______________________________

7. (2.2 and 2.5 — Plurals) Make the following phrases plural. Circle each ending that involves the 7-letter spelling rule.

1. американская студентка
2. американский студент
3. хороший университет
4. англо-русский словарь
5. новый фильм
6. новое платье
7. большая машина
8. русская фамилия
9. интересный журнал
10. большой чемодан

8. (2.5 Adjectives — Personalized) Begin an inventory of your personal belongings in Russian by listing 10 things you own. Put an adjective with each noun. Do not use numbers.

а.
б.
в.
г.
д.
е.
ж.
з.
и.
й.

9. (2.2, 2.4, 2.5 — Plurals) Make the following phrases plural. Circle each ending that is affected by the 7-letter spelling rule.

1. мой новый фотоаппарат
2. твоя интересная книга
3. его большая машина
4. её красивое платье
5. наш американский документ
6. ваш хороший кассетник
7. их русский журнал
8. твоя новая блузка
9. его американская кассета
10. ваш красивый галстук

Имя и фамилия ______________________________

10. (2.5 Adjectives and Nouns) The speakers were at a big party and their voices were drowned out by the noise. Help restore the transcripts of their conversations by completing the sentences with the most logical nouns.

   а. — Дженнифер, у тебя «Кодак», да? Это хороший фотоаппарат?

   — Очень хороший. Смотри (watch), какая хорошая фотография.

   б. — Боря, у тебя «Шарп»? Это новый компьютер?

   — Да, новый. А вот новые, американские кассéты.

   в. — Мэри, у тебя есть англо-русский словáрь?

   — Нет. Есть только русско-английский.

   г. — Коля! Что это у тебя? «Ай Би Эм»? Это хороший компьютер? (IBM)

   — Очень хороший.

11. (2.4 and 2.6 — **чей, какой, что**) Fill in the blanks with the appropriate question word in the correct form.

   1. What book is this? какáя это книга?
   2. Whose book is that? чья это книга?
   3. What cassettes do you have? какúе у вас кассеты?
   4. Whose cassettes do you have? чьи у вас кассеты?
   5. What do you have there? что тут у вас?
   6. What is that? что это?
   7. What documents are those? какúе это документы?
   8. Whose documents are those? чьи это документы?

12. (12.8 Indicating having) Write five questions you might ask to find out what electronic equipment a visiting Russian owns.

   1. ______________________________
   2. ______________________________
   3. ______________________________
   4. ______________________________
   5. ______________________________

Имя и фамилия ______________________

13. (Pulling it together — Personalized) Answer five of the following questions truthfully, but keeping within the confines of the Russian you know.

а. У вас есть компьютер? Какой?
б. У́ вас есть машина? Какая?
в. Ва́ше радио новое?
г. У вас есть кассетник? Он новый? Он хороший?
д. Какие у вас книги?
е. У вас есть словарь? Какой?
ж. Ваш чемодан большой?
з. Ваш университет маленький?
и. Ваши курсы интересные?

____

____

____

____

____

14. (Pulling it all together) Fill in the blanks.

— Так. Значит, это ________ (your) ________ (suitcase)?

— Да, ________ (mine).

— А ________ (the big) ________ (suitcases)? ________ (Are they) тоже ________ (yours)?

— Нет. Только ________ (the small) ________ (suitcase) ________ (is mine).

— ________ (Do you have) ________ (a tape recorder)?

— Да, ________ (here it is).

КАКИЕ ЯЗЫКИ ВЫ ЗНАЕТЕ?

ЧИСЛИТЕЛЬНЫЕ

1. You already know numbers 1–20. Now listen to the tape and look at the script below for numbers 21–30.

21 = ДВАДЦАТЬ + ОДИН **30 = ТРИ + ДЦАТЬ (де́сять)**

21	два́дцать оди́н	26	два́дцать шесть
22	два́дцать два	27	два́дцать семь
23	два́дцать три	28	два́дцать во́семь
24	два́дцать четы́ре	29	два́дцать де́вять
25	два́дцать пять	30	три́дцать

2. Now write down the numbers (in figures, not in words) as you hear them.

1	2
а. ________	а. ________
б. ________	б. ________
в. ________	в. ________
г. ________	г. ________
д. ________	д. ________
е. ________	е. ________
ж. ________	ж. ________
з. ________	з. ________
и. ________	и. ________

Имя и фамилия ______________________________

3. Jot down the following telephone numbers for the city of Novgorod.

Образе́ц: тридцать-семнадцать-двадцать четыре ⇨ 30-17-24

Ка́тя	______________	Вади́м	______________
Яша	______________	Ло́ра	______________
Та́ня	______________	Макси́м	______________
Ди́ма	______________	Ле́на	______________
Жа́нна	______________	Ва́ня	______________
Ми́ша	______________	Аля	______________

ФОНЕТИКА И ИНТОНАЦИЯ

YES–NO QUESTIONS

Intonation contour 3 (IC–3)

Think of how would you ask the following questions in English.

Is that your book? (a book?)

Is that your book? (yours?)

You can imagine that your intonation rises steadily on the word in question.

In Russian yes-no questions, the intonation also rises on the word in question, but it rises sharply (one full musical octave!) and then falls abruptly. This intonation contour is called IC–3.

Это ва́ша кни́га?

Это ва́ша кни́га?

Remember that in Russian questions with question words, the question word in pronounced with a falling intonation (IC–2), whereas in yes-no questions, the intonation rises sharply on the word that is being questioned and then falls abruptly.

Чья э́то кни́га?

A. Listen to the questions below. Determine whether you hear IC–2 or IC–3. When you hear an IC–3 intonation, underline the word(s) emphasized.

1. (IC– ____) Где ва́ша ви́за?
2. (IC– ____) У вас есть ви́за?
3. (IC– ____) Чей э́то чемода́н?
4. (IC– ____) Это ваш чемода́н?
5. (IC– ____) Фотоаппара́т есть?
6. (IC– ____) Что э́то?
7. (IC– ____) Како́й?
8. (IC– ____) Каки́е у вас кассе́ты?
9. (IC– ____) Что в чемода́не?
10. (IC– ____) Но́вая кассе́та Пинк Флойд есть?

B. Now repeat the preceding questions on tape, imitating the intonation as closely as you can. Repeat the exercise until you are pleased with the results.

C. Review the rules for pronouncing unstressed **я** and **е**. Listen to the tape and imitate the pronunciation of these words as closely as you can.

unstressed **я** ➡ [ɪ]	unstressed **е** ➡ [ɪ]
францу́зский язы́к	неме́цкий язы́к
каки́е языки́	непло́хо
по-япо́нски	немно́го
	ме́дленно

УСТНЫЕ УПРАЖНЕНИЯ

Oral Drill 1 — (3.2 — **знать**) Practice conjugating the verb **знать** by saying that the people listed know a little Russian.

Мы немно́го зна́ем ру́сский язы́к.
он ⇨ ***Он немно́го зна́ет ру́сский язы́к.*** я, вы, ты, мы, я, она́, они́

Oral Drill 2 — (3.2 — **чита́ть**) Practice conjugating this verb by saying that the people listed read Chinese.

Мой друг чита́ет по-кита́йски.
Ка́тя ⇨ ***Ка́тя чита́ет по-кита́йски.*** па́па, мы, я, друзья́ (*friends*), студе́нт, ты, он, вы

Oral Drill 3 — (3.2 — **понима́ть**) Practice conjugating the verb **понима́ть** by saying that the people listed understand Russian.

Мы понима́ем по-ру́сски.
он ⇨ ***Он понима́ет по-ру́сски.*** ма́ма, я, мы, роди́тели, студе́нты, ты, она́, вы

Oral Drill 4 — (3.2 — **изуча́ть**) Practice conjugating the verb **изуча́ть** by saying that the people listed study French.

Вы изуча́ете францу́зский язы́к.
Бори́с ⇨ ***Бори́с изуча́ет францу́зский язы́к.*** ты, они́, Анна, мы, я, вы

Oral Drill 5 — (3.2 — **жить**) Practice conjugating the verb **жить** by saying that the people listed live in Moscow.

Кто живёт в Москве́?
Я ⇨ ***Я живу́ в Москве́.*** Ле́на, её роди́тели, ты, на́ши друзья́, на́ша семья́ (*family*), он, мы, вы, я, кто

Oral Drill 6 — (3.2 — **писа́ть**) Practice conjugating the verb **писа́ть** by asking if the people listed write Russian.

Кто пи́шет по-ру́сски?
Вы ⇨ ***Вы пи́шете по-ру́сски?*** ва́ша сестра́, Данье́л, ты, америка́нские студе́нты, вы, он, они́, ты, она́, Джим Бра́ун, Джим и Ли́нда

Имя и фамилия ______________________________

Oral Drill 7 — (3.3 — **говори́ть**) Practice conjugating the verb **говори́ть** by asking if the people listed speak Russian.

Кто говори́т по-ру́сски?
Вы ⇨ ***Вы говори́те по-ру́сски?***

ва́ша сестра́ (*sister*), Данье́л, ты, америка́нские студе́нты, вы, он, они́, ты, она́, Джим Бра́ун, Джим и Ли́нда

Oral Drill 8 — (3.3 and 3.4 — **говори́ть** + adverbs) Tell how well the people listed speak Russian.

Я—хорошо́ ⇨ ***Я хорошо́ говорю́ по-ру́сски.***

Ке́лли — пло́хо
ты — непло́хо
я — дово́льно хорошо́
мы — немно́жко
Ли — дово́льно хорошо́
Фред — свобо́дно
вы — о́чень хорошо́

Oral Drill 9 — (3.5 — **говори́ть + по-...ски**) Practice the pronunciation of the Russian words for languages by asking who speaks these languages.

Кто говори́т по-англи́йски?
по-ру́сски ⇨ ***Кто говори́т по-ру́сски?***

по-францу́зски
по-италья́нски
по-испа́нски
по-неме́цки
по-кита́йски
по-япо́нски
по-ара́бски

Oral Drill 10 — (3.5 — **знать...-ский язы́к**) Anya is multilingual. Practice pronouncing the Russian words for various languages by indicating that she knows them all.

Аня зна́ет ру́сский язы́к? ⇨ ***Да, она́ зна́ет ру́сский язы́к.***

Аня зна́ет испа́нский язы́к?
Аня зна́ет италья́нский язы́к?
Аня зна́ет ара́бский язы́к?
Аня зна́ет япо́нский язы́к?
Аня зна́ет неме́цкий язы́к?
Аня зна́ет кита́йский язы́к?

Oral Drill 11 — (3.5 **языки́**) Practice the structure used to say "speaks x language" by telling what languages the following people speak.

Джон — английийский язы́к ⇨ ***Джон говори́т по-англи́йски.***

Мэ́ри — францу́зский язы́к
Хуа́н — испа́нский язы́к
Ли — кита́йский язы́к
Пе́тя — ру́сский язы́к
Рахма́н — ара́бский язы́к
То́ши — япо́нский язы́к
я — ру́сский язы́к
мы — ру́сский язы́к
ты — ру́сский язы́к

Oral Drill 12 — (3.5 — **языки́**) Practice the form of languages used after the verb **знать** by indicating whether you know the following languages. (The speaker on the tape gives the positive responses.)

Вы говори́те по-испа́нски? ⇨ ***Да, я зна́ю испа́нский язы́к.***
or ***Нет, я не зна́ю испа́нский язы́к.***

Вы говори́те по-италья́нски?
Вы понима́ете по-неме́цки?
Вы пи́шете по-францу́зски?
Вы понима́ете по-ара́бски?
Вы говори́те по-кита́йски?
Вы понима́ете по-япо́нски?

Oral Drill 13 — (3.5 — **языки́**) Practice the form of languages used after the various verbs.

изуча́ю ⇨ ***Я изуча́ю ру́сский язы́к.***
говорю́ ⇨ ***Я говорю́ по-ру́сски.***

зна́ю, чита́ю, понима́ю, пишу́, говорю́, зна́ю, изуча́ю

Oral Drill 14 — (3.5 — **языки́**) Practice asking questions to find out what languages someone knows.

говори́ть ⇨ ***На каки́х языка́х вы говори́те?***

понима́ть, изуча́ть, говори́ть, чита́ть, знать

Oral Drill 15 — (3.6 — **национа́льность**) Guess the following people's nationalities based on where they live.

Алёша живёт в Росси́и.	⇨	***Зна́чит, он ру́сский?***
Джа́нет и Пи́тер живу́т в Англии.	⇨	***Зна́чит, они́ англича́не?***

Ха́нна живёт в Аме́рике.
На́дя и Вале́ра живу́т в Росси́и.
Джон живёт в Кана́де.
Мы живём на Украи́не.
Мари́я живёт в Испа́нии.
Майкл и Дже́ссика живу́т в Кана́де.
Джейн живёт в Англии.
Ник живёт в Аме́рике.
Кари́не живёт в Арме́нии.
Ва́дик и Оля живу́т в Росси́и.

Oral Drill 16 — (3.7 **в** + prepositional case) Tell where the following people live.

Пе́тя — Москва́ ⇨ ***Пе́тя живёт в Москве́.***

Же́ня — Москва́
Со́ня — Тбили́си
Жан — Фра́нция
Илья́ — Санкт-Петербу́рг
Де́йвид — Нью-Йо́рк
Са́ша — Росси́я
Ке́вин — Но́вая Англия

Oral Drill 17 — (3.7 **в** + prepositional case) Ask who lives in the following places.

большо́е общежи́тие ⇨ ***Кто живёт в большо́м общежи́тии?***

но́вый дом	но́вая кварти́ра
большо́й дом	больша́я кварти́ра
хоро́шее общежи́тие	ста́рый дом
ста́рое общежи́тие	хоро́шая кварти́ра
но́вое общежи́тие	большо́е общежи́тие

Oral Drill 18— (3.7 **в** + prepositional case) In order to practice the prepositional case, claim to be a student at all the following places.

но́вая шко́ла ⇨ ***Я учу́сь в но́вой шко́ле.***

хоро́шая шко́ла
большо́й университе́т
ма́ленький университе́т
ма́ленькая шко́ла
ста́рый университе́т
больша́я шко́ла

Имя и фамилия ______________________________

ПИСЬМЕННЫЕ УПРАЖНЕНИЯ

1. (3.2 — **знать**) Write in the needed form of the verb **знать.**

   1. — Миша и Маша ____________ французский язык?
      — Миша ____________ французский язык, а Маша ____________ немецкий.
   2. — Кто ____________ русский язык? —Я его ____________.
   3. — Анна Петровна, вы ____________ английский язык?
   4. Мы не ____________ китайский язык, но Боря его ____________.
   5. Ты ____________ японский язык?

2. (3.2 — **чита́ть**) Write in the correct form of the verb **чита́ть.**

   1. — На каких языках ____________ Андрей?
      — Он ____________ по-русски и по-итальянски.
   2. — Ты ____________ по-русски?
      — Да, ____________.
   3. — Кто ____________ по-испански?
      — Мы ____________ по-испански.
   4. — Вы ____________ по-французски?
      — Нет, но родители ____________ по-французски.

3. (3.2 — **жить** and review of 1.6 prepositional of nouns) Write sentences telling where the following people live, following the model. The question marks in the last two items invite you to personalize the sentences by filling in words that are true for you.

Маша — Москва ⇨ *Маша живёт в Москве.*

Вадим — Киев ______________________________

Лора — Молдова ______________________________

Хуан и Мария — Испания ______________________________

Мы — Америка ______________________________

Вы — Франция ______________________________

Ты — Флорида ______________________________

Мы — Нью-Йорк ______________________________

Томас — Филадельфия ______________________________

Родители — ? ______________________________

Я — ? ______________________________

4. (3.2 — **писáть**) Write sentences telling who writes in what language, following the model.

Masha — Ukrainian ⇨ *Маша пишет по-украински.*

Parents — English мой родители пищут по-английски
Vadim — Russian Вадим пищет по-русски.
You — French ты пищешь по-французски
or вы пишете по "
We — German мы пищем по-неменки
I — ? я пишу по-английски

5. (3.2 First-conjugation verbs) Fill in the blanks with the correct form of the verb.

жить — знать — изучать — понимать — читать

1. — Какие языки вы знаете? (know)

— Я читаю (read) по-немецки и по-английски, но плохо понимаю (understand).

— А родители знают (know) немецкий?

— Нет, они его не знают (know). Мама немного понимает (understands) по-французски.

2. — Какие языки вы понимаете (understand)?

— Я понимаю (understand) по-русски и по-испански.

Я их изучаю (study) в институте.

3. Мэри живёт (lives) во Франции, но она плохо знает (knows) французский язык. Она довольно хорошо понимает (understands), но плохо читает (reads).

4. — Ваши родители живут (live) в Испании? Значит, они знают (know) испанский язык?

— Они очень хорошо понимают (understand) по-испанск

6. (3.3 — Second-conjugation verb) Supply the correct forms of the verb **говорить.**

1. — Вы __говорите__ по-русски?

   — Да, __я говорю по-русски.__

2. Ты __говоришь__ по-немецки?

3. Дома мы __говорим__ по-английски.

4. Русский президент не __говорит__ по-английски.

5. Американский президент не __говорит__ по-русски.

6. Я немножко __говорю__ по-украински.

7. Наши родители __говорят__ по-французски.

7. (3.5 — **языки**) Advanced students doing research or language training in Russia are called **стажёры.** In the following paragraphs about two American **стажёры** and one of their teachers, fill in the blanks with **по-русски** or **русский язык** as appropriate.

Американские стажёры хорошо знают ____________________. Они изучают ____________________ в Америке и в России. Джим Браун свободно говорит ____________________. Он говорит ____________________ в общежитии. Он хорошо знает ____________________. Линда Дэйвис тоже хорошо говорит ____________________. Она свободно читает ____________________.

Анна Петровна преподаёт (*teaches*) русский язык в Институте имени* Пушкина. Она читает лекции ____________________.

*имени-named

8. (3.5 **языки** — personalized) Refer to the partial list of languages that are more or less commonly taught in the United States on page 70 of the textbook. Check languages that are relevant to you and write ten sentences describing what you can do in these languages and how well. The verbs and adverbs below will help.

Verbs	**Adverbs**
говорить	свободно - очень хорошо - хорошо
понимать	неплохо
читать	плохо - не хорошо
писать	немного - немножко
	быстро - медленно

1. ____________________
2. ____________________
3. ____________________
4. ____________________
5. ____________________
6. ____________________
7. ____________________
8. ____________________
9. ____________________
10. ____________________

9. (3.6 — **национальность**) Fill in the blanks with the appropriate word.

1. Джон американец. Его мама тоже американка
2. Мария испанка. Её родители тоже испанцы
3. Дима и Ваня русские. Их папа тоже русский
4. Жан француз. Его мама тоже француженка
5. Кэтлин англичанка. Её родители тоже англичане
6. Дейвид канадец. Его родители тоже канадцы
7. Мин-Ли китаянка. Её папа тоже китаец
8. Маша украинка. Её папа тоже украинец
9. Моя мама американка
10. Я ″

10. (Concept of case) In the sentences below,. write (N) for nominative and (P) for prepositional to indicate the case of the italicized words.

Где *ваша виза*? ( )	Что в *чемодане*? ( )
Вот *виза* ( ) и *декларация*.	*Магнитофон* есть? ( )
Это *ваш чемодан*? ( )	Что на *кассете*? ( )

11. (3.7 prepositional case) Underline all the words in the prepositional case.

1. Маша и её родители русские. Они живут в Москве, в большой хорошей квартире.
2. Мария мексиканка. Её родители тоже мексиканцы. Они живут в Мексике.
3. В университете Марк и Джон говорят по-русски, но дома они говорят по-английски.
4. Я учусь в хорошем университете в штате Нью-Йорк.
5. Студенты в этом университете живут в большом общежитии.

12. (3.7 prepositional case) Tell where the following people live, following the model. Circle each of the adjective endings that is affected by the 5-letter spelling rule.

Катя — новый дом ⇨ *Катя живёт в новом доме.*

1. Анна — большое общежитие

____

2. Саша — красивая квартира

____

3. Соня — хороший дом

____

4. Михаил — большой дом

____

5. Наташа — маленькое общежитие

____

6. Дима — новая квартира

____

7. Лена — старый дом

____

8. Сью — Новая Англия

____

9. Сэм — хорошая квартира

____

10. Вадим — большая квартира

____

11. Я — ?

____

Имя и фамилия ______________________________

12. (Pulling it all together.) Fill in the blanks with correct forms of the indicated words.

Здравствуйте, давайте познакомимся. Меня зовут Андрей.

______________ в ______________________________ ,
I live — большой город (city)

который называется Харьков. Мама у меня

______________, а папа ______________.
Russian — Ukrainian

Дома мы ______________ ______________.
speak — Russian

Папа у меня настоящий полиглот. Он хорошо ______________
knows

______________, ______________ и ______________
Russian — Ukrainian — English

языки, неплохо ______________ и ______________
reads — writes

______________ и ______________.
French — Spanish

Я ______________ ______________
study — English

______________. Пока еще ______________
at the university — (I) speak

______________ и ______________,
badly — understand

только когда ______________ ______________.
(they) speak — slowly

Но у меня сейчас новый друг, ______________ ,
an American

и мы сейчас говорим только ______________.
English

УНИВЕРСИТЕТ

ЧИСЛИТЕЛЬНЫЕ

1. You already know numbers 1–30. You will now learn to recognize numbers 31–50. Listen to the tape and look at the script below.

31	40	50
ТРИ x ДЦАТЬ + ОДИН	**СОРОК**	**ПЯТЬ x ДЕСЯТ** (pronounced **пидися́т**)

31	три́дцать оди́н	41	со́рок оди́н
32	три́дцать два	42	со́рок два
33	три́дцать три	43	со́рок три
34	три́дцать четы́ре	44	со́рок четы́ре
35	три́дцать пять	45	со́рок пять
36	три́дцать шесть	46	со́рок шесть
37	три́дцать семь	47	со́рок семь
38	три́дцать во́семь	48	со́рок во́семь
39	три́дцать де́вять	49	со́рок де́вять
40	со́рок	50	пятьдеся́т

2. Now write down the numbers (in figures, not in words) as you hear them. Proceed vertically down the columns.

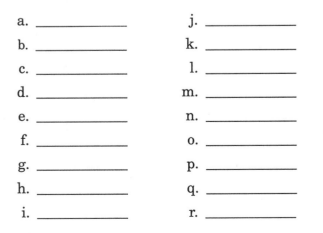

a. ____________ j. ____________
b. ____________ k. ____________
c. ____________ l. ____________
d. ____________ m. ____________
e. ____________ n. ____________
f. ____________ o. ____________
g. ____________ p. ____________
h. ____________ q. ____________
i. ____________ r. ____________

Имя и фамилия ________________________________

3. Jot down the following telephone numbers for the city of Krasnodar.

Соколова	________________	Розанов	________________
Полищук	________________	Каренина	________________
Савенко	________________	Петров	________________
Попов	________________	Иванова	________________
Розенберг	________________	Ефремов	________________
Савельева	________________	Гладков	________________

4. Jot down the following temperatures. Russian temperatures are given in Celsius: 0-5 is above freezing. 5-10 is brisk. 10-20 is warm. 20-25 is very pleasant. 25-30 is hot. Above 30 is beastly.

Temperature	Significance: check one					
	above freezing	brisk	warm	very pleasant	hot	beastly
а. Ерева́н (Арме́ния) ________ гра́дусов						
б. Минск (Белару́сь) ________ гра́дуса						
в. Кишинёв (Молдо́ва) ________ гра́дусов						
г. Ташке́нт (Узбекиста́н) ________ гра́дусов						
д. Тбили́си (Гру́зия) ________ гра́дуса						
е. Баку́ (Азербайджа́н) ________ гра́дусов						

Имя и фамилия ______________________________

ФОНЕТИКА И ИНТОНАЦИЯ

Review of units 1–3

1. Listen to the sentences on tape and identify the type of intonation you hear. Place a period or a question mark at the end of the sentence.

1. (IC– ____) Вы но́вый стажёр
2. (IC– ____) Како́й язы́к вы изуча́ете
3. (IC– ____) Вы хорошо́ говори́те по-ру́сски
4. (IC– ____) Вы чита́ете по-англи́йски
5. (IC– ____) Кака́я у вас специа́льность
6. (IC– ____) Где вы живёте
7. (IC– ____) Вы понима́ете по-ру́сски
8. (IC– ____) Джим у́чится на факульте́те ру́сского языка́
9. (IC– ____) Как вы сказа́ли
10. (IC– ____) Я учу́сь на второ́м ку́рсе

2. Repeat the sentences on tape, imitating the intonation as closely as you can.

1. Вы у́читесь в университе́те?
2. *Да, я учу́сь на второ́м ку́рсе.*
3. Что вы изуча́ете?
4. *Я изуча́ю ру́сский язы́к.*
5. Ва́ша специа́льность — ру́сский язы́к?
6. *Нет, моя́ специа́льность — ру́сская исто́рия.*
7. Вы хорошо́ говори́те по-ру́сски.
8. *Нет, я ду́маю, что я говорю́ пло́хо.*
9. Вы чита́ете по-ру́сски?
10. *Да, чита́ю.*
11. Каки́е ещё языки́ вы зна́ете?
12. *Я зна́ю францу́зский и испа́нский языки́.*
13. Где вы живёте?
14. *Я живу́ в общежи́тии.*

Имя и фамилия ______________________________

3. Review the rules for pronouncing unstressed **о** and **е**. Listen to the tape and imitate the pronunciation of these words as closely as you can. Add other words you know to the list and practice their pronunciation.

unstressed **о** ➡ [a] or [ə]

unstressed **е** ➡ [ɪ]

1. профе́ссор
2. поли́тика
3. эконо́мика
4. понима́ю
5. преподава́тель
6. филосо́фия
7. психоло́гия
8. говорю́
9. матема́тика
10. литерату́ра
11. биоло́гия

4. In the words below, **ь** indicates the softness (palatalization) of the preceding **л.** Recall that palatalization means pronouncing a consonant with the middle portion of the tongue raised towards the palate. Imitate the pronunciation of **ль** in these familiar words as closely as you can.

1. специа́льность
2. фильм
3. то́лько
4. факульте́т
5. автомоби́ль
6. преподава́тель

УСТНЫЕ УПРАЖНЕНИЯ

Oral Drill 1 — (4.1 — **учи́ться**) Say that the following people study at the university.

Ва́ня ⇨ ***Ва́ня у́чится в университе́те.***
Я ⇨ ***Я учу́сь в университе́те.***

мы, ты, я, Анна, на́ши сосе́ди, вы, Ко́стя, они́

Oral Drill 2 — (4.1 — **учи́ться, рабо́тать**) Ask whether the following people go to school or work.

Вы ⇨ ***Вы у́читесь и́ли рабо́таете?***
Евге́ний ⇨ ***Евге́ний у́чится и́ли рабо́тает?***

ты, твоя́ ма́ма, его́ роди́тели, вы, ваш па́па, наш сосе́д

Oral Drill 3 — (Page 94 vocabulary and 4.2 — **учи́ться на како́м ку́рсе**) Tell what class these college students are in.

На како́м ку́рсе у́чится Аня? — пе́рвый ⇨ ***Она́ у́чится на пе́рвом ку́рсе.***

Пе́тя—второ́й
Ната́ша—тре́тий
Дми́трий—четвёртый
Со́ня—пя́тый
Кири́лл—аспиранту́ра
вы—?

Oral Drill 4 — (4.4 — **изуча́ть что**) Ask what subjects the following people are studying.

Ива́н ⇨ ***Что изуча́ет Ива́н?***
Вы ⇨ ***Что вы изуча́ете?***

ты, он, Та́ня, Джим, студе́нты, америка́нцы., стажёры, она́, они́, студе́нт

Note the changes in word order in Oral Drill 4. When the subject is a pronoun, you hear **Что** + pronoun + verb. When the subject is a noun, you hear **Что** + verb + noun.

Имя и фамилия ________________________________

Oral Drill 5 — (Vocabulary) Practice the names of subjects following the model.

— **Ка́кая у вас специа́льность?/ру́сский язы́к** ⇨
— ***Моя́ специа́льность—ру́сский язы́к.***

ру́сская литерату́ра
америка́нская исто́рия
францу́зский язы́к
междунаро́дные отноше́ния
полити́ческие нау́ки
ру́сская литерату́ра
вычисли́тельная те́хника

Oral Drill 6 — (Vocabulary and review of the prepositional case) Tell in what department the following instructors work.

Мари́я Ива́новна—истори́ческий ⇨
Мари́я Ива́новна рабо́тает на истори́ческом факульте́те.

Макси́м Дми́трьевич—экономи́ческий
Алла Васи́льевна—юриди́ческий
Мари́на Ива́новна—медици́нский
Кири́лл Петро́вич—филологи́ческий
Анна Ефи́мовна—математи́ческий

Oral Drill 7 — (Vocabulary) Remember, Russian students enroll in a particular department.

— **Марк и Вади́м у́чатся на истори́ческом факульте́те?** ⇨
— ***Да, их специа́льность—исто́рия.***

Ка́тя и Стёпа у́чатся на медици́нском факульте́те?
Са́ша и Алёша у́чатся на филологи́ческом факульте́те?
Ди́ма и Ге́на у́чатся на экономи́ческом факульте́те?
Кири́лл и Со́ня у́чатся на юриди́ческом факульте́те?

Oral Drill 8 — (4.4 accusative case—**изуча́ть что**) Claim to be studying the following subjects.

исто́рия ⇨ ***Я изуча́ю исто́рию.***

матема́тика, филосо́фия, хи́мия, фи́зика, эконо́мика, медици́на, полити́ческие нау́ки, междунаро́дные отноше́ния, психоло́гия, юриспруде́нция

Имя и фамилия ______________________________

Oral Drill 9 — (4.4 — accusative case) Practice the accusative case and the names of subjects of study by claiming to know the following well.

исто́рия ⇨ ***Я хорошо́ зна́ю исто́рию.***
фи́зика ⇨ ***Я хорошо́ зна́ю фи́зику.***

эконо́мика, литерату́ра,
матема́тика, хи́мия, грамма́тика,
биоло́гия, ру́сская литерату́ра,
америка́нская литерату́ра,
францу́зская исто́рия, си́нтаксис,
антрополо́гия, маркси́зм,
психоло́гия, геогра́фия,
ру́сский язы́к

Oral Drill 10 — (4.4 — accusative case) Claim to read the following things.

— Что вы чита́ете?—но́вая кни́га ⇨ ***— Я чита́ю но́вую кни́гу.***

интере́сная газе́та, ста́рый журна́л,
«Спу́тник», твоя́ кни́га,
их журна́л, наш учё́бник,
«Аргуме́нты и фа́кты», «Росси́я»,
интере́сная кни́га

Oral Drill 11 — (4.5 — conjunctions) Practice giving your opinion as in the model.

Это интере́сный курс. ⇨ ***Я ду́маю, что э́то интере́сный курс.***

Это хоро́ший университе́т.
У меня́ интере́сная програ́мма.
Это тру́дный курс.
Наш преподава́тель хоро́ший.
Это интере́сная кни́га.
Ру́сский язы́к о́чень хоро́ший.

Oral Drill 12 — (4.5 — conjunctions) A teacher asks various people all sorts of questions. None of them answers! Follow the model.

Преподава́тель спра́шивает Са́шу, где он живёт. ⇨
Он не отвеча́ет, где он живёт.

Преподава́тель спра́шивает студе́нтку, как она́ пи́шет по-ру́сски.
Преподава́тель спра́шивает Ва́ню и Се́ню, что они́ чита́ют.
Преподава́тель спра́шивает тебя́, где ты живёшь.
Преподава́тель спра́шивает вас, как вы говори́те по-англи́йски.

Имя и фамилия ______________________________

ПИСЬМЕННЫЕ УПРАЖНЕНИЯ

1. (4.2 **в** vs. **на**) Fill in the blanks with the correct preposition.

   Юра учится ___На___ втором курсе ___В___ институте ___В___ Киеве. Там он учится ___На___ филологическом факультете, ___На___ кафедре русского языка. Живёт он ___В___ общежитии.

2. (4.2 **в** vs. **на**) Fill in the blanks with the correct preposition.

   1. ___В___ каком университете вы учитесь?
   2. ___На___ каком факультете учитесь?
   3. Вы учитесь ___На___ четвёртом курсе или ___В___ аспирантуре?
   4. Вы живёте ___В___ квартире или ___В___ общежитии?

3. (4.1 — 4.3 **учи́ться**) Compose sentences from the following elements, adding prepositions where necessary. Be sure to make the verbs agree with their subjects and the modifiers agree with the nouns they modify, and to put the objects of the prepositions **в** and **на** in the prepositional case.

   Саша/учиться/институт ⇨ *Саша учится в институте.*

   1. Где/вы/учиться? ___Вы учи~~ться~~ тесь в портланде?___
   2. Мы/учиться/большой/университет ___Мы учимся в большом университете.___
   3. Я/учиться/исторический/факультет ___Я учу́сь на историческом факултете.___
   4. Майк и Дебби/учиться/Филадельфия ___у́чатся в___
   5. Ты/учиться/институт/или/университет? ___учищься в -е или -е?___
   6. Какой/курс/учиться/твой/соседи? ___сосе́д? На како́м ку́рсе у́чится твой___
   7. Кто/учиться/аспирантура? ___Кто вы учитесь В аспиранту́ре___

4. (4.2 **в** vs. **на** + prepositional case) Fill in the blanks with needed prepositions and with adjectives and nouns in the prepositional case.

— Где вы учитесь?

— Здесь ______________________________ или
in Russia

дома ______________________________? Здесь
in America

______________________________ я учусь ______________________________
in Yekaterinburg in the university

______________________________.
in the economics department

Дома ______________________________ я учусь
in California

____
in a small university

______________________________.
in the Russian department

— А живёте где? ______________________________?
In an apartment?

— Нет, ______________________________.
in a large dorm

— А вы только учитесь?

— Нет, я ещё работаю ______________________________.
in our museum

Имя и фамилия ______________________________

5. (4.1 — 4.3 personalized) Answer the following questions in complete sentences.

1. Как вас зовут?

____

2. Вы учитесь или работаете?

____

3. Где?

____

4. На каком курсе вы учитесь?

____

5. Какая у вас специальность?

____

6. Какие языки вы знаете?

____

7. Вы живёте в общежитии или в квартире?

____

8. А где живут ваши родители?

____

6. Review the use and meaning of the cases you know. In the following passage, indicate whether the italicized words are *nominative, prepositional,* or *accusative.*

Это *новый стажер* ( ). Его зовут *Джим Браун* ( ). *Джим* ( ) учится в *институте* ( ) имени Герцена в *Петербурге* ( ). *Он* ( ) живёт в *общежитии* ( ).

В *Америке* ( ) *Джим* ( ) учится на *третьем курсе* ( ). *Он* ( ) учится на *филологическом факультете* ( ). *Он* ( ) изучает *русский язык* ( ) и *литературу* ( ).

Джим ( ) читает *газеты* ( ) и *журналы* ( ) в *библиотеке* ( ). *Он* ( ) слушает *кассеты* ( ) в *лингафонном кабинете* ( ). У него очень *хорошая программа* ( ).

Его преподаватель ( ) — *Анна Петровна Костина* ( ). *Анна Петровна* ( ) хорошо знает *русскую грамматику* ( ). *Она* ( ) хорошо преподаёт *русский язык* ( ). *Джим* ( ) читает *третий урок* ( ) в *учебнике* ( ). *Он* ( ) хорошо понимает *материал* ( ).

7. (4.4 accusative case) Fill in the blanks with adjectives and nouns in the accusative case.

1. Президент читает ________________________________.
документы
2. Русские любят читать ________________________________.
поэзия
3. Американцы любят читать ________________________________.
техническая литература
4. Студенты читают ________________________________ в библиотеке.
новые учебники
5. ________________________________ вы любите читать?
Какие книги
6. ________________________________ ты читаешь?
Какая книга
7. Вы читаете ________________ или ________________?
газета журнал
8. Вы хорошо знаете ________________________________?
американская литература
9. ________________________________ читает Маша?
Какой журнал
10. Я читаю ________________________________.
интересная новая газета

8. (4.4 accusative case) Fill in the blanks with adjectives and nouns in the accusative case.

— Костя, ты читаешь ________________________________?
русские газеты

— Да, я читаю ________________________________ и
«Народная правда»

________________________________.
«Московские новости»

Я ещё читаю ________________________________.
русские журналы

Я регулярно читаю ________________________________ и
«Новый мир»

________________________________.
«Русский голос»

— А ________________________________ ты читаешь?
какие газеты

— Я читаю ________________________________, потому что я люблю
«Литературная газета»

________________________________.
русская литература

9. (Review of languages) Fill in the blanks with the correct form.

немецкий язык	французский язык	итальянский язык
по-немецки	по-французски	по-итальянски

— ______________________________ вы знаете?
What languages

— Я ______________________, а ______________________ и
speak French — read

______________________ ______________________ и
understand — German

______________________.
English

— Вы ______________________________?
know English well

— Нет, моя специальность — ______________________.
French

______________________ я ______________ ______________. А вы?
French — know — well

— Я ______________________ ______________________ и
study — French

______________________ в университете, но ______________________
Italian — speak

______________________ только ______________________.
French — a little

10. (Pulling it together) Combine the words in the columns below into ten complete, meaningful, and grammatically correct sentences. Supply the needed prepositions. You will not be able to use words from every column in every sentence, but try to write reasonably long sentences.

Subjects	Verbs	Direct objects	Places
я	учиться	английский язык	университет
студенты	изучать	русская газета	факультет
вы	читать	философия	институт
преподаватель	понимать	интересная книга	дом
американец	работать	экономика	общежитие ии
мы	знать	литература	лекция

Я изучаю экономику.
Студенты понимают английский язык.
Мы рабóтает в университете.
Преподавáтель читает русскую газету
и
Домá = at home.

РАСПОРЯДОК ДНЯ

ЧИСЛИТЕЛЬНЫЕ

A. Listen to the tape and fill in the time in the sentences below.

1. Я встаю́ в ____________________.
2. Я за́втракаю в ____________________.
3. Я иду́ на уро́к в ____________________.
4. Ру́сская разгово́рная пра́ктика в ____________________.
5. Я обе́даю в ____________________.
6. Я иду́ в библиоте́ку в ____________________.
7. В суббо́ту я иду́ в кино́ в ____________________.

ФОНЕТИКА И ИНТОНАЦИЯ

VOICED AND VOICELESS CONSONANTS

в з ж б г д	Vocal chords vibrate ***(voiced)***
ф с ш п к т	Vocal chords are silent ***(voiceless)***

Two rules affect these consonants:

1. **Word-final devoicing.** A voiced consonant at the end of a word is pronounced voiceless.

We write	***We say***
джа**з**	джа**с**
гара́**ж**	гара́**ш**

2. **Voiced–voiceless assimilation.** When a voiced and voiceless consonant are adjacent to each other, the nature of the second consonant dictates the nature of the first.

We write	***We say***
В Ки́еве	**Ф К**и́еве
баске**тб**о́л	баске**дб**о́л

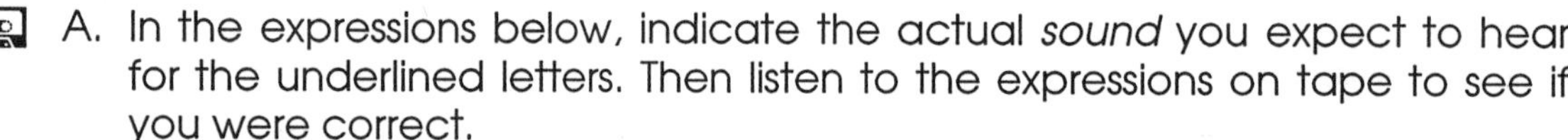

A. In the expressions below, indicate the actual *sound* you expect to hear for the underlined letters. Then listen to the expressions on tape to see if you were correct.

Образе́ц:

в Ки́еве
ф ➡ You write **ф** because of assimilation.

из Доне́цка
з ➡ You write **з** because you would expect no change.

1. — Оле́г! Что ты сейча́с де́лаешь? Мо́жет быть, пойдём вме́сте в магази́н?
   — Я не могу́. В пять часо́в у меня́ уро́к.
   — Но сего́дня четве́рг! А у тебя́ уро́к то́лько в сре́ду.
   — В сре́ду у меня́ англи́йская фоне́тика.
   — А когда́ ты идёшь домо́й?
   — В во́семь часо́в. Извини́, я до́лжен идти́.

2. — Извини́те, как вас зову́т?
   — Глеб.
   — Очень прия́тно, Глеб. Меня́ зову́т Ри́чард. Я ваш сосе́д.
   — Очень прия́тно. Вы живёте на э́том этаже́?
   — Да. Вот здесь, в пя́той ко́мнате.

B. Repeat the expressions you hear on tape until you are satisfied that you can pronounce them correctly.

Имя и фамилия ______________________________

УСТНЫЕ УПРАЖНЕНИЯ

Oral Drill 1 — (Telling time) Look at the pictures and give the time.

Образе́ц:

Сейча́с во́семь часо́в.

а.

б.

в.

г.

д.

е.

ж.

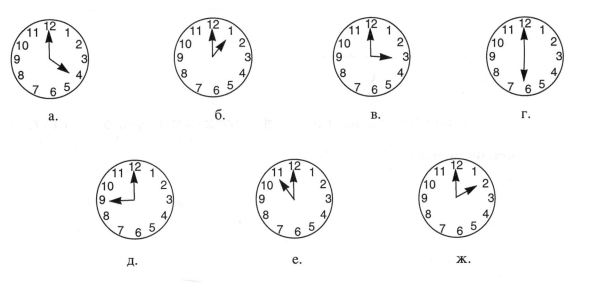

Oral Drill 2 — (Telling time on the hour) Say that you have a lecture at the following times.

— **Когда́ у вас ле́кция?/ 9** ⇨ — ***У меня́ ле́кция в де́вять часо́в.*** 8, 11, 12, 1, 2, 3

Когда́ у вас ле́кция

У меня́ ле́кция в во́сем часо́в,

Имя и фамилия ________________________________

Oral Drill 3 — (Times of the day) On the basis of the schedule below, answer the questions on the tape. Use **у́тром, днём, ве́чером,** or **но́чью** in your answers. The word being asked about comes at the end of the answer.

8.00	чита́ть газе́ту
8.15	идти́ в университе́т
9.00	францу́зский язы́к-фоне́тика
10.30	занима́ться в библиоте́ке
12.30	обе́дать
14.00	францу́зский язы́к-грамма́тика
16.00	аэро́бика
19.45	пойти́ в кино́
23.00	занима́ться до́ма

— Когда́ вы чита́ете газе́ту? ⇨ ***— Я чита́ю газе́ту у́тром.***

Когда́ вы идёте в университе́т?
Когда́ у вас грамма́тика?
Когда́ вы идёте в кино́?
Когда́ вы занима́етесь в библиоте́ке?
Когда́ вы обе́даете?
Когда́ у вас фоне́тика?
Когда́ вы занима́етесь до́ма?
Когда́ у вас аэро́бика?

Oral Drill 4 — (Telling what day something happens) Tell what day the following classes meet, following the model. (Note: Students in Russia have classes on Saturday.)

ру́сский язы́к/вто́рник ⇨ ***Ру́сский язы́к во вто́рник.***

исто́рия-вто́рник, четве́гр
биоло́гия-среда́, четве́рг
хи́мия-понеде́льник, пя́тница
психоло́гия-понеде́льник
матема́тика-среда́, суббо́та

Имя и фамилия ________________________________

Oral Drill 5 — (5.1 New verbs) Practice the new verbs in this lesson by completing the following substitution drill asking about schedules.

Когда́ вы за́втракаете?/он–за́втракает ⇨ ***Когда́ он за́втракает?***
он–за́втракает

1	2
обе́дает	мы
они́	сосе́дки
мы	вы
у́жинаем	встаёте
она́	она́
я	вы
ты	ты
они́	идёшь на ле́кцию
убира́ют ко́мнату	они́
вы	вы
он	мы
мы	отдыха́ем
обе́даем	ты
ты	вы
они́	они́
смо́трят телеви́зор	ложа́тся
я	вы
ты	она́

Oral Drill 6 — (5.2 **занима́ться** and review of prepositional case to tell **где**) Tell where the following people study (do their homework).

Аня–библиоте́ка ⇨ ***Аня занима́ется в библиоте́ке.***

Пе́тя–общежи́тие
мы–ко́мната
они́–библиоте́ка
ты–дом
вы–общежи́тие
я–?

Oral Drill 7 — (5.3 **идти́**) Ask where the following people are going. Note that in short questions with a question word such as these, the nouns normally come after the verb, whereas the pronouns come before.

Куда́ ты идёшь? / он ⇨ ***Куда́ он идёт?***

она́, вы, они́, мы, Та́ня, Та́ня и Ни́на

Имя и фамилия ______________________________

Oral Drill 8 — (5.3 **ехать**) Say the following people are going to Novgorod.

наш преподава́тель ⇨ ***Наш преподава́тель е́дет в Но́вгород.***

роди́тели, я, мы, Анна, ты, Оле́г, вы

Oral Drill 9 — (5.4 **где** vs **куда́**) Ask the speaker to repeat the place named.

Та́ня рабо́тает в Москве́. ⇨ ***Где?***
Алёша идёт на рабо́ту. ⇨ ***Куда́?***

Ва́ня опа́здывает на фильм.
Ка́тя за́втракает до́ма.
Со́ня е́дет в Но́вгород.
Вади́м занима́ется в библиоте́ке.
Ва́ся идёт в библиоте́ку.
Я отдыха́ю в па́рке.
Мы у́чимся в большо́м университе́те.
Не хо́чешь пойти́ в цирк?

Oral Drill 10 — (5.5 **в/на** + accusative case for direction) Say that you are going to the following places.

парк ⇨ ***Я иду́ в парк.***

магази́н, рестора́н, библиоте́ка, рабо́та, музе́й, стадио́н, дом, аудито́рия, кафе́

Oral Drill 11 — (5.3-5.5 **идти́** vs. **е́хать** with **в/на**+ accusative case) State that you all are going to the places mentioned below. If it is at all possible to walk, then walk. Otherwise, go by vehicle.

Нью-Йо́рк ⇨ ***Мы е́дем в Нью-Йо́рк.***
уро́к ⇨ ***Мы идём на уро́к.***

рабо́та, Москва́, библиоте́ка, Росси́я, конце́рт, Ирку́тск, Владивосто́к, да́ча, музе́й, бассе́йн, рестора́н, Англия, цирк

Oral Drill 12 — (5.5 **в/на** + accusative case for direction) Say that you are late to the following places. Remember that activities take the preposition **на**.

уро́к ⇨ ***Я опа́здываю на уро́к.***

университе́т, ле́кция, рок-конце́рт, библиоте́ка, эконо́мика, ру́сский язы́к, ру́сская исто́рия, кафе́, магази́н, уро́к

Oral Drill 13 — (Invitations and 5.5 **в/на** + accusative case for direction) Invite a friend to go to the following places.

магази́н ⇨ ***Хо́чешь пойти́ в магази́н?***

парк, но́вый рестора́н, конце́рт, рабо́та, библиоте́ка, кино́, бале́т

Oral Drill 14 — (Review of **в/на** + prepositional case for location) Tell where the following people work, following the model.

Та́ня–музе́й ⇨ ***Та́ня рабо́тает в музе́е.***

Бори́с—библиоте́ка
Мари́я Ива́новна—шко́ла
Анто́н Па́влович—институ́т
Шу́ра—магази́н
Ле́на—кино́
Да́ня—стадио́н
студе́нты—аудито́рия
я—кафе́

Oral Drill 15 — (5.6 **до́лжен** and **свобо́ден**) Say that the following people are not free, they have to study.

Кири́лл ⇨ ***Кири́лл не свобо́ден. Он до́лжен занима́ться.***
Анна ⇨ ***Анна не свобо́дна. Она́ должна́ занима́ться.***

Ма́ша, Вади́м, Гри́ша, Вади́м и Гри́ша,
мы, Са́ра, студе́нты, я

Oral Drill 16 — (Review of subjects) Practice responding to the questions about what class you have next.

Что у тебя́ сейча́с? / исто́рия ⇨ ***Сейча́с у меня́ исто́рия.***

эконо́мика, ру́сский язы́к, англи́йская
литерату́ра, матема́тика, междунаро́дные
отноше́ния, геогра́фия

Имя и фамилия ______________________________

ПИСЬМЕННЫЕ УПРАЖНЕНИЯ

1. (Telling time) Write a short dialog under each picture.

Образе́ц:

— Ско́лько сейча́с вре́мени?
— Пять часо́в.

1.

____

____

2.

____

____

3.

____

____

4.

____

____

5.

____

____

6.

____

____

2. (Page. 127-28 — Time) Fill in the preposition **в** where necessary in the following conversations.

   1. — Сколько сейчас времени?

      — _____ 9 часов.

   2. — Когда у вас русский язык?

      — _____ 10 часов.

   3. — Хотите пойти в магазин?

      — Когда?

      — _____ 11 часов.

      — У меня биология _____ 11 часов. Давайте пойдём _____ час.

      — Договорились.

   4. — Давайте пойдём в магазин.

      — Хорошо. Только у меня химия _____ три часа.

      — Но сейчас уже _____ три часа. Вы опаздываете.

3. (Page 126. — Telling on what day – personalized) Answer the following questions truthfully in complete sentences. The word(s) being asked about should go at the end of your answers.

   а. В какие дни вы не слушаете лекции?
   б. В какие дни у вас русский язык?
   в. В какие дни вы смотрите телевизор?
   г. В какие дни вы занимаетесь в библиотеке?
   д. В какие дни вы не завтракаете дома?

   а. ____

   б. ____

   в. ____

   г. ____

   д. ____

4. (Days of week, and 5.1—New verbs) Write ten meaningful sentences using one element from each column. Supply needed prepositions and the correct endings. Do not change the word order.

понедельник	утром	американцы		слушать радио
вторник	днём	русские		слушать лекции
среда	вечером	студенты		работать
четверг		преподаватель	(не)	отдыхать
пятница		мать		заниматься
суббота		я		обедать дома
воскресенье		мы		смотреть телевизор

1. ____
2. ____
3. ____
4. ____
5. ____
6. ____
7. ____
8. ____
9. ____
10. ____

5. (5.3 *going* — **идти** vs. **ехать**) Everyone is going somewhere tomorrow. Fill in the blanks with the appropriate verb.

1. Алла ________________ в Москву́.
2. Се́ргей ________________ в кино́.
3. Воло́дя ________________ в университе́т.
4. Мы ________________ в Ки́ев.
5. Ки́ра и Ди́ма ________________ в Суздаль.
6. Я то́же ________________ в Суздаль.
7. Ты ________________ в библиоте́ку?
8. Роди́тели ________________ на да́чу.
9. Де́ти ________________ в цирк.
10. Вы ________________ на ле́кцию?

6. (5.3 *going* – **я иду** *set out* or *be on the way* vs. **я хожу** *make multiple round trips*) Fill in the blanks with the needed verb.

1. Каждый день я ______________ в университет.
2. В понедельник я ______________ на русский язык в 9 часов.
3. В пятницу вечером я обычно ______________ в кино.
4. В 5 часов я ______________ в кафе, и в 7 часов я ______________ домой.
5. Я сейчас ______________ на стадион.

7. (5.4-5.5 **где/куда**) Which of the verbs below are **где**-type verbs and which ones are **куда**-type? Formulate a question with each of the verbs and then answer it.

1. заниматься вопрос ______________________________?
   ответ ______________________________
2. работать вопрос ______________________________?
   ответ ______________________________
3. идти вопрос ______________________________?
   ответ ______________________________
4. жить вопрос ______________________________?
   ответ ______________________________
5. отдыхать вопрос ______________________________?
   ответ ______________________________
6. опаздывать вопрос ______________________________?
   ответ ______________________________
7. учиться вопрос ______________________________?
   ответ ______________________________
8. ехать вопрос ______________________________?
   ответ ______________________________

8. **Case concept exercise.** Review the use and meaning of the cases you know. Identify the case of the italicized words in the passage below.

Я ( ) учусь в *университете* ( ). У меня занятия в *понедельник* ( ), *среду* ( ) и *пятницу* ( ).

Суббота ( ) и *воскресенье* ( )—мои любимые дни. В *субботу* ( ) я не занимаюсь. Утром я иду в *магазин* ( ), а вечером—в *кино* ( ).

В *понедельник* ( ) я иду на *интересную лекцию* ( ). *Наша лекция* ( ) на *первом этаже* ( ). На *лекции* ( ) я слушаю, что говорит *преподаватель* ( ). На *уроке* ( ) *мы* ( ) говорим только по-русски. Я люблю *русский язык* ( ).

9. (5.1—5.5) **Распорядок дня.** In the sentences of the following story, supply the correct endings and the needed prepositions. Do not change word order.

1. утром / я / вставать / рано.

   ____

2. я / принимать / душ / и / быстро / одеваться.

   ____

   ____

3. потом / я / завтракать / и / читать / газета.

   ____

   ____

4. девять / час / я / идти / университет, / потому что / у / я / русский язык / десять / час.

   ____

   ____

   ____

5. одиннадцать / час / у / я / история. обедать / я / час.

   ____

   ____

6. днём / я / идти / библиотека. там / я / заниматься.

   ____

   ____

7. шесть / час / я / идти / дом, / где / я / ужинать.

____

8. вечером / я / отдыхать—обычно / слушать/ американская музыка / смотреть

телевизор / или/ читать / новые книги.

____

____

____

9. десять / час / я / ложиться.

____

10. (5.1 - 5.5 New verbs and their complements) **Распорядок дня.** Create a short paragraph about your daily activities or, if you prefer, about the daily activities of a fictional character named Vadim. Use every word in columns 1 and 2 at least once. Supply needed prepositions and the correct endings. You may add additional words (such as days of the week or times) if you wish.

1	2	3
утром	читать газету	библиотека
днём	слушать музыку	лекция
вечером	идти	наш дом
ночью	заниматься	работа
	вставать	музей
	ложиться	магазин
	одеваться	университет
	опаздывать	
	отдыхать	

____

____

____

____

____

____

____

____

____

____

____

____

11. (5.6 — **должен**) Change sentences such as *Jane studies* to *Jane should study.*

1. Мы отдыхаем вечером.

____

2. Володя занимается в библиотеке.

____

3. Студенты говорят по-русски.

____

4. Вы работаете в общежитии.

____

5. Родители смотрят новые фильмы.

____

6. Мама быстро одевается.

____

7. Вы учитесь в университете.

____

8. Мы завтракаем рано.

____

9. Я слушаю американскую музыку.

____

10. Преподаватель пишет по-английски.

____

ДОМ, КВАРТИРА, ОБЩЕЖИТИЕ

ЧИСЛИТЕЛЬНЫЕ 

You already know numbers 1-50. You will now learn to recognize numbers 51 to 100 plus the number 200. Listen to the tape and look at the script below. Pay attention to the effects of vowel reduction, as indicated in the right-hand column of the first box.

51	пять х деся́т + оди́н	pronounced **пидися́т ади́н**
60	шесть х деся́т	pronounced **шыздися́т**
70	се́мь х десят	pronounced **се́мдисит**
80	во́семь х десят	pronounced **во́симдисит**
90	девяно́сто	pronounced **дивино́ста**
100	сто	pronounced as spelled
200	две́сти	pronounced as spelled

51	пятьдеся́т оди́н	10	де́сять
52	пятьдеся́т два	20	два́дцать
53	пятьдеся́т три	30	три́дцать
54	пятьдеся́т четы́ре	40	со́рок
55	пятьдеся́т пять	50	пятьдеся́т
56	пятьдеся́т шесть	60	шестьдеся́т
57	пятьдеся́т семь	70	се́мьдесят
58	пятьдеся́т во́семь	80	во́семьдесят
59	пятьдеся́т де́вять	90	девяно́сто
60	шестьдеся́т	100	сто
		155	сто пятьдеся́т пять

Имя и фамилия ______________________________

1. Write down the prices of the following items.

кассéта _____ р

кни́га _____ р

журна́л _____ р

дискéтка _____ р

газéта _____ р

слова́рь _____ р

ла́мпочка _____ р

2. Write down the prices of the following books.

«Анна Каренина» _____ р

«Поэты пушкинской поры» _____ р

«Обломов» _____ р

«Книга в СССР» _____ р

«Петербург» _____ р

«Тихий Дон» _____ р

«Народные русские сказки» _____ р

«Преступление и наказание» _____ р

«Братья Карамазовы» _____ р

«Друзья Пушкина» _____ р

«Идиот» _____ р

«Плаха» _____ р

«Детство» _____ р

«Что делать?» _____ р

Имя и фамилия ______________________________

ФОНЕТИКА И ИНТОНАЦИЯ

EXPRESSIONS OF EXCLAMATION

Intonation contour IC–5

Intonation contour IC–5 occurs in expressions of exclamation such as

Кака́я у вас кварти́ра! *What an apartment you have!*

Compare this to IC–2 used in questions with a question word such as

Кака́я у вас кварти́ра? *Which apartment do you have?*

A. Listen to each of the sentences below. Provide the appropriate punctuation, either an exclamation point or a question mark. Indicate which IC you heard.

1. (IC–___) Кака́я да́ча
2. (IC–___) Како́й при́город
3. (IC–___) Како́й ста́рый ковёр
4. (IC–___) Кака́я ую́тная гости́ная
5. (IC–___) Како́й у вас холоди́льник
6. (IC–___) Каки́е у вас фотогра́фии
7. (IC–___) Кака́я у вас тради́ция
8. (IC–___) Каки́е краси́вые дома́
9. (IC–___) Како́й здесь телеви́зор
10. (IC–___) Како́й большо́й

B. Repeat the expressions in the previous exercise as accurately as you can until you are pleased with the results.

Имя и фамилия ______________________________

УСТНЫЕ УПРАЖНЕНИЯ

Oral Drill 1 — (New vocabulary: parts of the house, and review of prepositional case) Say that Mom is now in the places named.

ку́хня ⇨ ***Ма́ма сейча́с на ку́хне.***

спа́льня
ва́нная
гости́ная
столо́вая
больша́я ко́мната
ма́ленькая ко́мната
общежи́тие
восьмо́й эта́ж

Oral Drill 2 — (New vocabulary: rooms and furnishings) When asked if you want to see something, respond that you have the exact same item!

— Ты хо́чешь посмотре́ть но́вый дива́н? ⇨ ***— У нас тако́й же дива́н!***

Ты хо́чешь посмотре́ть ...

на́шу маши́ну?
но́вую крова́ть?
пи́сьменный стол?
но́вый компью́тер?
мои́ но́вые джи́нсы?
наш но́вый шкаф?
наш ковёр?
большо́й холоди́льник?
на́шу да́чу?
э́ту ико́ну?
на́шу столо́вую?

Oral Drill 3 — (New vocabulary: **стои́т/стоя́т, виси́т/вися́т, лежи́т/лежа́т**) Use the appropriate verb, depending on the object mentioned.

ико́ны ⇨ ***В э́той ко́мнате вися́т ико́ны.***
телеви́зор ⇨ ***В э́той ко́мнате стои́т телеви́зор.***

крова́ть
магнитофо́н
ико́на
фотогра́фии
больши́е ла́мпы
(на полу́) ковры́
(на стене́) ковёр
шкаф

Имя и фамилия ________________________________

Oral Drill 4 — (6.1— **хоте́ть**) Say the following people want to look at the photographs.

Ива́н ⇨ ***Ива́н хо́чет посмотре́ть фотогра́фии.***
мы ⇨ ***Мы хоти́м посмотре́ть фотогра́фии.***

я, ты, роди́тели, сестра́,
Ма́ша и Ве́ра, на́ша сосе́дка, вы

Oral Drill 5 — (6.2 genitive pronouns) Ask whether the following people have a car. (The presence of **есть** indicates that the speaker is interested in whether or not the car exists.)

ты ⇨ ***У тебя́ есть маши́на?***
он ⇨ ***У него́ есть маши́на?***

вы, она́, кто, они́, ты, он, вы, кто

Oral Drill 6 — (6.2 genitive pronouns) Say the following people have a cozy apartment. (The absence of **есть** indicates that the speaker is focusing on the coziness of the apartment rather than on the apartment itself.)

они́ ⇨ ***У них ую́тная кварти́ра.***
мы ⇨ ***У нас ую́тная кварти́ра.***

я, он, вы, они́, она́, ты, я, мы

Oral Drill 7 — (6.2 genitive singular nouns and modifiers) Ask if the person in question has an armchair.

Ви́ктор ⇨ ***У Ви́ктора есть кре́сло?***

Ве́ра
Ва́ля
Вале́рий Петро́вич
наш преподава́тель
твоя́ мать
твой оте́ц
брат и сестра́
но́вый сосе́д
твой това́рищ по ко́мнате
твоя́ сосе́дка по ко́мнате

Oral Drill 8 — (6.3 — existence and presence — **есть**, and review of IC–3) You are considering renting an apartment in Irkutsk. Inquire whether it has the following things.

горя́чая вода́ ⇨ ***Есть горя́чая вода́?***

телеви́зор, спа́льня, большо́й шкаф,
больши́е о́кна, холоди́льник

Oral Drill 9 — (6.4 nonexistence — **нет**) You have an unfurnished apartment to rent. Tell prosepctive tenants that it does not have the things they ask about.

— Есть дива́н? ⇨ ***— Нет, нет дива́на.***

Есть ... ? телеви́зор, ма́ленькая ла́мпа, кре́сло, большо́й шкаф, сте́рео, магнитофо́н, крова́ть, холоди́льник, пи́сьменный стол, плита́

Oral Drill 10 — (6.4 nonexistence, not having) Say that you don't have whatever is asked about.

— У вас есть больша́я крова́ть? ⇨ ***— Нет, у меня́ нет большо́й крова́ти.***

У вас есть цветна́я фотогра́фия?
У вас есть большо́й шкаф?
У вас есть краси́вое кре́сло?
У вас есть тако́й ковёр?
У вас есть така́я крова́ть?
У вас есть тако́й холоди́льник?
У вас есть большо́е окно́?

Oral Drill 11 — (6.4 absence) Say that the items asked about are not here, using genitive pronouns.

— Где си́нее кре́сло? ⇨ ***— Его́ здесь нет.***

Где моё письмо́?
Где зелёный ковёр?
Где мой магнитофо́н?
Где моё пла́тье?
Где горя́чая вода́?
Где ма́ленькое кре́сло?
Где жёлтый дом?
Где моя́ но́вая крова́ть?

Oral Drill 12 — (6.3–6.4 having and not having) Contradict the speaker, saying that the people being talked about do indeed have the items in question.

— У Ви́ктора нет но́вого до́ма. ⇨ ***— Нет, у него́ есть но́вый дом.***

У Алекса́ндра нет но́вого ковра́.
У Ма́ши нет си́него ковра́.
У Ма́ши нет си́ней ла́мпы.
У ма́тери нет си́ней ла́мпы.
У ма́тери нет кра́сной ла́мпы.
У сестры́ нет кра́сного кре́сла.
У Бо́ри нет большо́й кварти́ры.
У Бо́ри нет большо́й спа́льни.
У Ви́ктора нет большо́го до́ма.
У до́чери нет жёлтого кре́сла.

Имя и фамилия ______________________________

Oral Drill 13 — (6.3-6.4 *having* and *not having*) Answer that you have the object in question, using the appropriate pronoun.

— **У вас нет шка́фа?** ⇨ — ***Нет, есть. Вот он.***

У вас нет телеви́зора?
У вас нет кре́сла?
У вас нет фотогра́фии?
У вас нет окна́?
У вас нет ку́хни?
У вас нет гаража́?
У вас нет плиты́?
У вас нет ико́ны?
У вас нет ра́дио?
У вас нет ла́мпы?
У вас нет пи́сьменного стола́?

Oral Drill 14 — (6.3 and 6.4 — presence, absence and interrogative pronouns) You didn't quite hear the statement. Ask a confirming question.

— **Мари́на здесь.** ⇨ — ***Кто здесь?***
— **Мари́ны здесь нет.** ⇨ — ***Кого́ здесь нет?***
— **Учéбник здесь.** ⇨ — ***Что здесь?***
— **Учéбника здесь нет.** ⇨ — ***Чего́ здесь нет?***

Па́па здесь.
Ви́тя здесь.
Жёлтая кни́га здесь.
Ма́мы здесь нет.
Твоего́ бра́та здесь нет.
Большо́й крова́ти здесь нет.
Си́ний дом здесь.
Твоя́ сестра́ здесь.
Магнитофо́на здесь нет.
Пла́тья здесь нет.
Твое́й руба́шки здесь нет.
Роди́тели здесь.
Общежи́тие здесь.

Oral Drill 15 — (6.5 possession and "of") Combine the information given in two sentences into a more succinct message.

— **Это Макси́м. А э́то его́ кварти́ра.** ⇨ — ***Это кварти́ра Макси́ма.***

Это оте́ц. А э́то его́ да́ча.
Это мать. А э́то её ме́бель.
Это дочь. А э́то её ко́мната.
Это сын. А э́то его́ ико́ны.
Это брат. А э́то его́ холоди́льник.
Это сестра́. А э́то её дива́н.
Это Ма́ша. А э́то её маши́на.
Это Са́ша. А э́то его́ крова́ть.
Это Вале́ра. А э́то его́ стол.
Это На́дя. А э́то её ла́мпа.

Oral Drill 16 — (6.6 **оди́н – одна́ – одно́**) When asked if you have something, say you have one of them.

— **У вас есть да́ча?** ⇨ — ***Да, у меня́ одна́ да́ча.***

У вас есть крова́ть?
У вас есть дива́н?
У вас есть кварти́ра?
У вас есть туале́т?
У вас есть окно́?
У вас есть ковёр?
У вас есть ра́дио?
У вас есть кре́сло?
У вас есть сосе́дка?
У вас есть стул?

Oral Drill 17 — (6.6 **два** vs. **две** + genitive singular noun) You're asked if you have one of something. Respond that you have two.

— **У вас одна́ кни́га?** ⇨ — ***Нет, две кни́ги.***

У вас одна́ фотогра́фия?
У вас одна́ ко́мната?
У вас одна́ ку́хня?
У вас одна́ дверь?
У вас оди́н гара́ж?
У вас оди́н телеви́зор?
У вас оди́н преподава́тель?
У вас одно́ окно́?
У вас одно́ кре́сло?
У вас одно́ ра́дио?

Oral Drill 18 — (6.7 **у** + genitive = "at someone's place") When asked if X lives at Y's place, respond that it's just the opposite: Y lives at X's place.

— **Ты живёшь у Анны Серге́евны?** ⇨ — ***Нет, она́ живёт у меня́.***
— **Ве́ра Па́вловна живёт у вас?** ⇨ — ***Нет, я живу́ у неё.***
— **Макси́м живёт у Анны?** ⇨ — ***Нет, она́ живёт у него́.***

Вы живёте у дру́га?
Ваш друг живёт у вас?
Евге́ний Ива́нович живёт у Ве́ры?
Ты живёшь у ма́мы и па́пы?
Сестра́ живёт у отца́?
Роди́тели живу́т у тебя́?
Со́ня живёт у отца́?
Дочь живёт у Ива́на Серге́евича?
Валенти́н Па́влович живёт у вас?
Гали́на Алексе́евна живёт у тебя́?

Имя и фамилия ________________________________

ПИСЬМЕННЫЕ УПРАЖНЕНИЯ

1. (6.1 — **хотеть**). **Какие у вас планы?** Fill in the blanks in the following questions with the appropriate form of **хотеть.** Mark the stress on the words you write in.

— Что вы ____________________ делать сегодня вечером?

— Мы ____________________ отдыхать. Я ____________________ писать письма. Алла ____________________ пойти в кино. Гриша и Вадим ____________________ смотреть телевизор. А что ты ____________________ делать?

— Я ____________________ читать.

2. (6.2–6.3 **у** + genitive pronouns — having) Make sentences out of the following strings of words. The first one is done for you.

у / я / есть / телевизор ⇨ *У меня есть телевизор.*

у / ты / есть / радио ____

у / мы / есть / телевизор и радио ____

Это Максим. У / он / есть / компьютер ____

____

Это Аня. У / она / есть / принтер ____

Это Максим и Аня. У / они / есть / компьютер и принтер ____

____

у / вы / есть / машина? ____

3. (6.2 — Review of spelling rules for formation of genitive) Two of the three spelling rules play a role in genitive singular endings for nouns and modifiers. Review those rules here by filling in the blanks.

7–letter rule:	***5–letter rule:***
After ___ , ___ , ___ , ___ , ___ , ___ , ___ ,	After ___ , ___ , ___ , ___ , ___ ,
do not write ____; write ____ instead.	do not write ___ if ______________;
	write ___ instead.

Имя и фамилия ___________________________

4. (6.2–6.3 **у** + genitive of singular modifiers and nouns - having) Combine words from the two columns below to write 10 questions asking whether the following people have these things.

ваш сосед	дача
наш преподаватель	компьютер
американский президент	новый диван
твой отец	новый ковёр
твоя новая соседка	русские стулья
её дочь	большой стол
твоя мама	новая лампа

Образéц: У твоей мамы есть дача?

1. ___________________________
2. ___________________________
3. ___________________________
4. ___________________________
5. ___________________________
6. ___________________________
7. ___________________________
8. ___________________________
9. ___________________________
10. ___________________________

5. (6.4 *not having* — **нет** + genitive) Answer the following questions in the negative. Circle endings that are subject to the seven-letter or five-letter spelling rule, and indicate which rule applies.

Образе́ц: **У Сони есть хорошая книга?** ⇨ *Нет, у неё нет хорошей книги.* (5 над «ей», 7 над «и»)

1. У Максима есть хороший телевизор?

____

2. У Жени на даче есть горячая вода?

____

3. У Кати есть чёрное платье?

____

4. У Кирилла есть русский словарь?

____

5. У Маши есть красный диван?

____

6. У сестры есть белая блузка?

____

7. У соседки есть синее кресло?

____

8. У соседа есть хорошая машина?

____

6. (6.3–6.4 *having* and *not having* — personalized) Answer each question (truthfully!) with a full sentence.

1. У вас есть большое окно?

____

2. У вас есть цветной телевизор?

____

3. У вас есть русская икона?

____

4. У вас есть большое кресло?

____

5. У вас есть дача?

____

7. (6.3–6.4 *having* and not *having*) Write ten meaningful, grammatically correct sentences by combining words from the columns below. Do not change word order, but do put the words in the needed case. The question mark at the bottom of some of the columns indicates you may use words of your own choosing if you like.

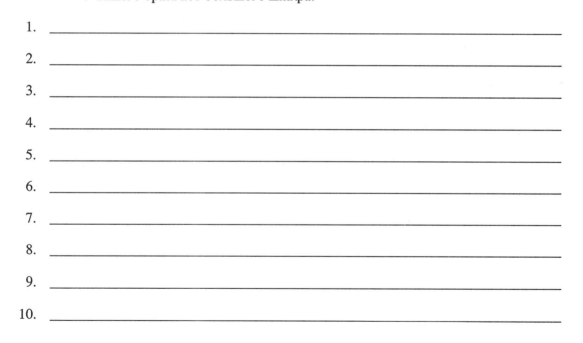

	я		красный	кровать
	ты		зелёный	диван
	он		синий	стол
	она	есть	жёлтый	стул
	мы		голубой	кресло
У	вы		чёрный	шкаф
	они	нет	белый	холодильник
	кто		большой	ковёр
	мой друг		маленький	телевизор
	наша мама		новый	дверь
	ваш брат		старый	общежитие
	?		?	?

Образе́ц: У меня есть белый холодильник.
У вашего брата нет большого шкафа.

1. ______________________________
2. ______________________________
3. ______________________________
4. ______________________________
5. ______________________________
6. ______________________________
7. ______________________________
8. ______________________________
9. ______________________________
10. ______________________________

Имя и фамилия ______________________________

8. (6.5 — Possession and "of") Write grammatically correct sentences out of the following strings of words. Do not change word order. When you are done, you will have a short text about Vadim and Anna's new apartment.

   У / Вадим / и / Анна / новая квартира. Вот / фотография / их новая квартира.

   Это / их большая комната. Здесь / кресло , / диван / и / большой стол. У / они / есть / цветной телевизор.

   Это / комната / Вадим / и / Анна. А вот / комната / их дочь. У / она / компьютер / стоит / на столе.

____

____

____

____

____

____

____

____

____

____

9. (6.5 — Possession and "of") Translate the following short passage into Russian.

   This is our family's apartment. Here is grandmother's room. On the table is a picture of her mother and father.

____

____

____

____

____

Имя и фамилия ______________________________

10. (6.6 — Specifying quantity) Make ten meaningful, grammatically correct sentences by taking one word from each column. Do not change word order, but do put the words in the correct case.

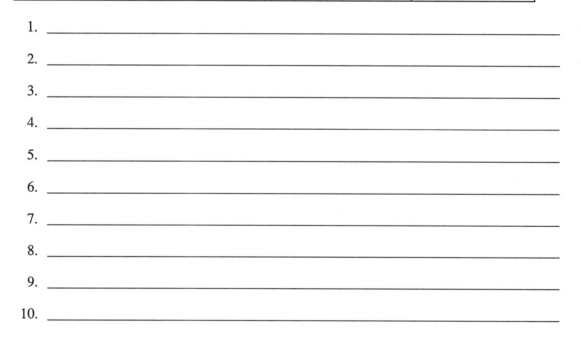

У	мой твой наш ваш новый старый хороший плохой	сосед соседка студент студентка преподаватель мать дочь брат сестра	один (одна, одно) два (две) три четыре	кровать диван стол стул кресло шкаф холодильник ковёр телевизор дверь окно

1. ______________________________
2. ______________________________
3. ______________________________
4. ______________________________
5. ______________________________
6. ______________________________
7. ______________________________
8. ______________________________
9. ______________________________
10. ______________________________

11. (6.7 — **у кого** = at someone's place, and review of days of week) Petya spends every afternoon at a different friend's house. Indicate where he spends each day. The first one is done for you.

пн Виктор вт Жанна ср Саша чт Иван
пт Катя сб Олег вс Мария

1. *В понедельник Петя у Виктора.*
2. ______________________________.
3. ______________________________.
4. ______________________________.
5. ______________________________.
6. ______________________________.

Now write 3–5 sentences indicating where you spend different days. Remember to use **в** or **на** plus the prepositional case for places, **у** plus the genitive case for "at someone's place."

____

____

____

____

____

____

12. (Vocabulary — adjectives of color) Fill in the blanks with the appropriate form of the adjective.

Что у меня в шкафу*?

Здравствуйте. Меня зовут Елена Борисовна Максимова, и я хочу сказать вам, что у меня в шкафу. У меня ____________ (light blue) джинсы. Кроме того, у меня ____________ (red) платье и ____________ (green) туфли. У моего мужа ____________ (old) ____________ (black) брюки и ____________ (white) рубашка. У него также ____________ (yellow) галстук. Мой муж спортсмен, и поэтому у него также ____________ (good) ____________ (new) кроссовки. Наконец у него ____________ (gray) пальто. Мы с мужем очень модная пара!

*в шкафу = in the closet

13. Personal inventory.

   a. List five items that you have in your closet, and five pieces of furniture you have in your house, apartment, or dorm room. Put a color adjective next to each item.

В шкафу	**Дома**
1. ____________	1. ____________
2. ____________	2. ____________
3. ____________	3. ____________
4. ____________	4. ____________
5. ____________	5. ____________

   b. Write a short paragraph entitled **Что у меня в шкафу?** or **Что у меня в квартире (в комнате, в доме)?**

14. (Vocabulary — lying, standing, hanging) Fill in the blanks with **лежит / лежат, стоит / стоят,** or **висит / висят.**

1. — У нас на стене ______________________ ковёр.

   — У меня такой же ковёр. Только он ________________ на полу.

2. — В какой комнате у вас ________________ телевизор?

   — Он ______________________ у нас в большой комнате.

3. Я вижу, что у вас ______________________ икона.

4. — Где ____________________ ваш паспорт?

   — Он ____________________ на столе.

5. Я вижу, что у вас в гостиной __________________ красивое кресло.

15. (General review) In the following short passage, fill in the blanks with the correct ending. Write in the first letter of the case you are using. The first two blanks are filled in for you.

Я живу в студенческ*ом* (Р) общежити*и* (Р) на десят________ этаж________.

У меня в комнат________ есть дв_______ кроват________ и дв________

ламп________. У нас нет цветн________ телевизор________, но есть

чёрно-бел________ телевизор________.

НАША СЕМЬЯ

ЧИСЛИТЕЛЬНЫЕ

You already know numbers 1-200. You will now learn to recognize numbers to 1000. Listen to the tape and look at the script below.

100	сто	
200	две́сти	
300	три́ста	
400	четы́реста	
500	пятьсо́т	pronounced **питсо́т**
600	шестьсо́т	pronounced **шысо́т**
700	семьсо́т	pronounced **симсо́т**
800	восемьсо́т	pronounced **васимсо́т**
900	девятьсо́т	pronounced **дивитсо́т**
1000	ты́сяча	pronounced **ты́сича** or even **ты́ща**

1. Telephone numbers in large Russian cities usually contain seven digits. They are written and are read like this: 388-02-14 **три́ста во́семьдесят во́семь-ноль два-четы́рнадцать.** Write down the telephone numbers as you hear them.

Ди́ма ______________________

Михаи́л ______________________

Ка́тя ______________________

Яша ______________________

Ки́ра ______________________

Игорь ______________________

Ле́на ______________________

Ири́на ______________________

Ма́ша ______________________

Анна ______________________

Жа́нна ______________________

Серге́й ______________________

Макси́м ______________________

Серге́й ______________________

Алекса́ндр ______________________

Дми́трий ______________________

Имя и фамилия ________________________________

ФОНЕТИКА И ИНТОНАЦИЯ

IC–2 for emphasis

Up until now you have seen IC–2 in questions with a question word, imperatives, and in nouns of address:

Мэ́ри, скажи́, где живу́т твои́ роди́тели?

IC–2 is also used in place of IC–1 in normal declarative sentences to indicate emphasis.

IC–1 (No emphasis):

Твои́ роди́тели не ста́рые.

IC–2 (Emphasis on **не ста́рые**):

Твои́ роди́тели совсе́м не ста́рые.

At first you may perceive that IC–2 conveys more a feeling of anger than emphasis. However, for speakers of Russian IC–2 is not associated with anger or annoyance.

A. Now mark the dialog below, placing a "2" over the stressed word of each segment that you think should have IC–2 intonation. Then listen to the tape to see if you were correct.

Образе́ц: — **Ве́ра**(2), **кто э́то? Твой оте́ц**(2)? — **Что ты**(2)! **Это мой де́душка**(2)!

— Жа́нна, кто э́то на фотогра́фии?

— Это мой де́душка.

— Но он совсе́м не ста́рый! Ско́лько ему́ лет?

— Ему́ се́мьдесят. А вот фотогра́фия ба́бушки.

— Ба́бушка то́же молода́я!

— Что ты! Ей то́же се́мьдесят!

B. Now listen to the following sentences and determine which have normal declarative intonation (IC–1) and which are emphatic (IC–2). Mark the stressed word in each sentence with the appropriate intonation number and punctuate accordingly: a period for IC–1 sentences and an exclamation point for IC–2.

Образе́ц: **a. Это мой оте́ц.** (1) **b. Это мой *оте́ц* [а не брат]!** (2)

1. — У нас больша́я семья́ ... | а у нас ма́ленькая семья́

   — Нет | Что вы | У нас ма́ленькая семья́: | дво́е дете́й

2. Оте́ц преподаёт матема́тику в университе́те

   Он та́кже преподаёт фи́зику

3. Ве́ра уже́ не у́чится в шко́ле | Она́ у́чится в университе́те

4. — Это на́ша ку́хня

   — У меня́ така́я же ку́хня

5. Вот наш дом | Это на́ша больша́я ко́мната | А э́то на́ша ма́ленькая ко́мната

Имя и фамилия ________________________________

УСТНЫЕ УПРАЖНЕНИЯ

Oral Drill 1 (Vocabulary — Family members) Look at this family tree. Listen to the statement and answer the accompanying question.

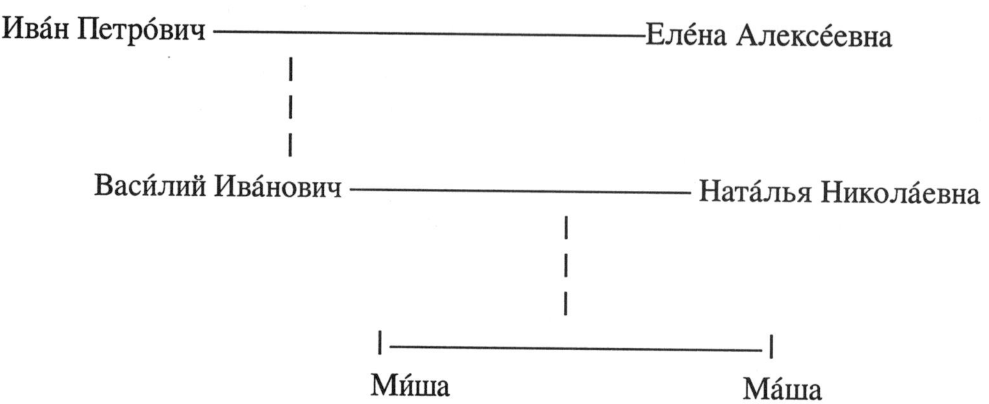

— **Вот Ива́н Петро́вич. А кто Васи́лий Ива́нович?** ⇨
— ***Васи́лий Ива́нович его́ сын.***

Вот Васи́лий Ива́нович. А кто Ма́ша?
Вот Ма́ша. А кто Ми́ша?
Вот Ми́ша. А кто Ната́лья Никола́евна?
Вот Ната́лья Никола́евна. А кто Васи́лий Ива́нович?
Вот Васи́лий Ива́нович. А кто Ива́н Петро́вич?
Вот Ива́н Петро́вич. А кто Ми́ша?
Вот Ми́ша. А кто Ма́ша?
Вот Ма́ша. А кто Еле́на Алексе́евна?
Вот Еле́на Алексе́евна. А кто Ива́н Петро́вич?
Вот Ива́н Петро́вич. А кто Ма́ша?
Вот Ма́ша. А кто Васи́лий Ива́нович и Ната́лья Никола́евна?
Вот Васи́лий Ива́нович и Ната́лья Никола́евна. А кто Ми́ша и Ма́ша?

Oral Drill 2 — (Vocabulary — Family members) Name the equivalent family member of the opposite sex.

Это её мать. ⇨ ***А э́то её оте́ц.***
Это твой сын. ⇨ ***А э́то твоя́ дочь.***

Это...
её ба́бушка, его́ брат, моя́ племя́нница,
их тётя, наш оте́ц, наш де́душка,
ва́ша ма́ма, твоя́ вну́чка, мой дя́дя, её внук,
его́ двою́родный брат, наш племя́нник,
твоя́ двою́родная сестра́, её мать, их дочь

Oral Drill 3 — (Vocabulary — Family members; review of genitive after **нет**) Respond that the people mentioned do not have the family members in the prompt.

— У Ма́ши есть сестра́? ⇨ ***— Нет, у Ма́ши нет сестры́.***

У Бо́ри есть мла́дший брат?
У Анто́на есть дя́дя?
У Анны есть ба́бушка?
У Ки́ры есть сын?
У Са́ши есть де́ти?
У Же́ни есть ста́ршая сестра́?

Oral Drill 4 — (Family vocabulary and review of regular nominative plurals) When asked where a certain person is, say that they're all here.

— Где ба́бушка? ⇨ ***— Все ба́бушки здесь.***

Где ...?
де́душка, дя́дя, тётя, ма́ма, па́па,
внук, вну́чка, племя́нница,
племя́нник, оте́ц

Oral Drill 5 — (Family vocabulary and irregular nominative plurals) When asked where a certain person is, say that they're all here.

— Где сестра́? ⇨ ***— Все сёстры здесь.***

Где ...?
брат, мать, дочь, сын, ребёнок,
двою́родная сестра́,
двою́родный брат

Oral Drill 6 — (7.1 — **люби́ть**) Answer the question affirmatively. Note that nouns after **люби́ть** are in the accusative case (direct objects), verbs are in the infinitive.

— Ива́н лю́бит спорт?	⇨	***— Да, он лю́бит спорт.***
— Вы лю́бите учи́ться?	⇨	***— Да, мы лю́бим учи́ться.***

Ка́тя и Са́ша лю́бят чита́ть?
Ты лю́бишь ру́сский язы́к?
Брат Ки́ры лю́бит шко́лу?
Вы лю́бите у́жинать в рестора́не?
Ты лю́бишь чита́ть газе́ту?
Его́ тётя лю́бит компью́теры?

Oral Drill 7 — (7.2 — **учи́ться**) When asked if the following students are still in high school, answer that they are already in college.

— Ты у́чишься в шко́ле?	⇨	***— Нет, я уже́ учу́сь в университе́те!***
— Ко́ля у́чится в шко́ле?	⇨	***— Нет, он уже́ у́чится в университе́те!***

Ми́ша у́чится в шко́ле?
Вы у́читесь в шко́ле?
Твои́ друзья́ у́чатся в шко́ле?
Ты у́чишься в шко́ле?
Твоя́ сестра́ у́чится в шко́ле?
Их сын у́чится в шко́ле?
Дочь Ольги Никола́евны у́чится в шко́ле?
Ва́ля и Анто́н у́чатся в шко́ле?
Эти де́ти у́чатся в шко́ле?
Ты у́чишься в шко́ле?

Oral Drill 8 — (7.3 — **родили́сь, вы́росли**) Ask the following people where they were born and grew up.

Анна	⇨	***Анна, где ты родила́сь?***
Ни́на Никола́евна	⇨	***Ни́на Никола́евна, где вы родили́сь?***
вы́росли	⇨	***Ни́на Никола́евна, где вы вы́росли?***

Бори́с, Ки́ра, Анна Бори́совна, Ма́ша, Ми́ша, Ма́ша и Ми́ша, Вади́м, Валенти́на

Oral Drill 9 — (7.4 — age and dative case of pronouns) Ask how old each of the people in the snapshot is.

На фотогра́фии я ви́жу ва́шего отца́. ⇨ ***Ско́лько ему́ лет?***
На фотогра́фии я ви́жу твоего́ дру́га. ⇨ ***Ско́лько ему́лет?***

На фотогра́фии я ви́жу...
твою́ сестру́,
ва́шу тётю, ва́шего де́душку,
твою́ ба́бушку, их дете́й,
ма́му и па́пу, Ки́ру и Андре́я,
их племя́нницу, их племя́нника

Oral Drill 10 — (7.4–7.5 — age) Use the cues to ask the ages of the following people.

она́/два ⇨ ***Ей два го́да?***

он — 14
мы — 21
вы — 63
они́ — 13
ты — 6
она́ — 44

Oral Drill 11 — (7.4–7.5 — Age) **Ско́лько им лет?** The first person is 21. Each person in the list is one year older than the previous one. Follow the pattern.

Вот Ива́н Петро́вич. ⇨ ***Ему́ два́дцать оди́н год.***
Вот Людми́ла Никола́евна. ⇨ ***Ей два́дцать два го́да.***
Вот мои́ друзья́. ⇨ ***Им два́дцать три го́да.***

Вот...
Анна Серге́евна
мой брат
его́ тётя
её сосе́дки по ко́мнате
его́ това́рищ по ко́мнате
мой большо́й друг
мои́ друзья́
Вале́рий Петро́вич

Oral Drill 12 — (7.5 — numbers of brothers and sisters) State that the person has the number of brothers and sisters given in the prompt.

— **У Cáши есть брáтья или сёстры?/два и ноль** ⇨ — ***У Cáши два брáта, но нет сестёр.***

— **У отцá есть брáтья или сёстры?/оди́н и две** ⇨ — ***У отцá оди́н брáт и две сестры́.***

У мáмы... (два и две)
У вну́ка... (ноль и две)
У Алёши... (три и ноль)
У Лéны... (пять и ноль)
У Ви́ти... (два и три)
У Серёжи... (два и однá)
У отцá... (оди́н и две)
У вну́чки... (два и две)
У дру́га... (оди́н и однá)
У Cáши... (три и однá)
У Cóни... (ноль и четы́ре)
У Тамáры... (ноль и пять)

Oral Drill 13 — (7.5 — number of children) Use the prompts to tell how many children there are in the families asked about.

— **Скóлько детéй в семьé Кáти и Вади́ма?/два** ⇨ — ***У них двóе детéй.***

Скóлько детéй в семьé ...?
... Ки́ры и Ди́мы - три
... Яши и Cóни - оди́н
... Тáни и Ми́ши - четы́ре
... Мáши и Тóли - пять
... Анны и Cáши - два

Oral Drill 14 — (7.5 — having and not having brothers, sisters, and children) State that the person doesn't have the family members asked about.

— **У Вéры есть брáтья?** ⇨ — ***Нет, у неё нет брáтьев.***
— **У Кири́лла есть сёстры?** ⇨ — ***Нет, у негó нет сестёр.***
— **У Зи́ны есть дéти?** ⇨ — ***Нет, у неё нет детéй.***

У Макси́ма есть сёстры?
У Мáши есть брáтья?
У Елéны Макси́мовны есть дéти?
У Кири́лла есть брáтья?
У Тамáры Анатóльевны есть дéти?
У мáтери есть сёстры?
У вну́чки есть брáтья?
У тёти есть дéти?
У дéдушки есть брáтья?
У отцá есть сёстры?

Oral Drill 15 (7.6 — Accusative case of pronouns) Answer "yes" to the questions, replacing pronouns with nouns.

— Вы зна́ете Ма́шу? ⇨ ***— Да, мы её зна́ем.***
— Вы чита́ете газе́ту? ⇨ ***— Да, мы её чита́ем.***
— Вы чита́ете газе́ты? ⇨ ***— Да, мы их чита́ем.***

Вы слу́шаете класси́ческую му́зыку?
Вы зна́ете Макси́ма?
Вы чита́ете э́ту кни́гу?
Вы лю́бите ру́сский язы́к?
Вы лю́бите му́зыку?
Вы лю́бите джаз?
Вы зна́ете нас?
Вы зна́ете меня́?
Вы зна́ете Ольгу?
Вы чита́ете журна́л?

Oral Drill 16 — (7.7–7.8 **зову́т** + accusative case) When your friends ask you the name of a close relative, you respond "You mean, you don't know my brother's (sister's, mother's ...) name?!

— Это ваш брат? Как его́ зову́т? ⇨ ***— Вы не зна́ете, как зову́т моего́ бра́та?***

Это ваш де́душка? Как его́ зову́т?
Это ваш ста́рший брат?
Это ва́ша мла́дшая сестра́?
Это ваш оте́ц?
Это ва́ша племя́нница?
Это ва́ша ба́бушка?
Это ваш де́душка.
Это ва́ша ста́ршая дочь?
Это ва́ша мать?
Это ваш мла́дший сын?

Oral Drill 17 — (7.8 — Accusative case) Ask your friend if s/he knows your friends and relatives.

мой друг ⇨ ***Ты зна́ешь моего́ дру́га?***
моя тётя ⇨ ***Ты зна́ешь мою тётю?***

мой оте́ц
моя́ ма́ма
мой но́вый друг
моя́ ста́ршая сестра́
мой мла́дший брат
мой па́па
моя́ ба́бушка
моя́ тётя
моя́ племя́нница
моя́ мать
мой де́душка
мой дя́дя
мой племя́нник?

Oral Drill 18 — (7.9 — **о** + prepositional case — *about,* and prepositional plural) Say that you are thinking about the person mentioned in the prompt.

э́тот ме́неджер ⇨ ***Я ду́маю об э́том ме́неджере.***

э́тот ру́сский писа́тель,
зубно́й врач,
серьёзный журнали́ст,
э́та домохозя́йка,
у́мный программи́ст,
ваш де́душка,
кита́йский музыка́нт,
её оте́ц, мой брат, его́ дя́дя,
его́ дочь, на́ша ма́ма,
их мать, его́ сын,
на́ши друзья́, э́ти студе́нты,
э́ти интере́сные преподава́тели,
их но́вые сосе́ди,
э́ти ру́сские писа́тели,
серьёзные журнали́сты,
э́ти домохозя́йки,
хоро́шие ме́неджеры

Oral Drill 19 — (7.9 — prepositional pronouns) Say that Sima talks about everybody.

— Си́ма говори́т о ма́ме? ⇨ ***— Да, она́ говори́т о ней.***
— Си́ма говори́т о вас? ⇨ ***— Да, она́ говори́т обо мне́.***

Си́ма говори́т ...
об отце́
о роди́телях
о сестре́
о бра́те
о племя́нницах
о племя́ннике
о вас
обо мне́
о нас
о тебе́
о де́тях

Имя и фамилия ________________________

ПИСЬМЕННЫЕ УПРАЖНЕНИЯ

1. (7.1 — **любить**) **Спорт.** Fill in the blanks in the passage about sports with the correct present tense forms of **любить**. Answer the question at the end of the paragraph in a complete sentence. *Mark the stress on the words you write in.*

Семья Василия Ивановича и Натальи Николаевны очень ________________ спорт. Василий Иванович и его сын ________________ теннис, а Наталья Николаевна ________________ хоккей. А вы ________________ спорт?

____.

2. (7.2 — verb conjugation) Fill in the blanks with the correct present-tense forms of the verb indicated. Mark stress on the words you write in.

а. **учиться**

— Володя, где ты ________________?

— Я ________________ в университете.

— А твои сёстры тоже ________________ там?

— Старшая сестра ________________ в институте иностранных языков, а младшая ________________ в школе.

— А я думала, что вы все ________________ в университете.

— Как видишь, мы ________________ в разных местах.

б. **читать**

— Что ________________ эти студенты?

— Лара ________________ «Аргументы и факты», а Вадим ________________ французский журнал. А что вы ________________?

— Мы ________________ «Вопросы литературы».

в. **писать**

— Соня, ты часто ________________ письма?

— Нет, я довольно редко ________________. А моя подруга часто ________________ домой. И её родители тоже часто ________________.

г. **смотреть**

— Кто ____________________ телевизор?

— Паша всегда ____________________ новости, а его сёстры ____________________ фильмы по телевизору. Я ____________________ телевизор очень редко. А вы что ____________________ по телевизору?

— Я никогда не ____________________ телевизор.

3. (7.3 — **родился, вырос**) **Биография.** Fill in the blanks.

родился	родилась	родились
вырос	выросла	выросли

А. Мария Александровна ____________________ в Москве, а ____________________ в Киеве. Её муж Сергей Иванович ____________________ в Ялте, а ____________________ в Санкт-Петербурге. Теперь они живут в Санкт-Петербурге, где ____________________ их дети.

Б. — Мария Александровна, где вы ____________________?

— Я ____________________ в Москве.

— И там ____________________?

— Нет, я ____________________ в Киеве.

В. — Где ты ____________________?

— Я ____________________ ____________________.

— И там ____________________?

— ____________________, я ____________________ ____________________.

— А твои родители где ____________________ и ____________________?

— ____________________

____

4. (7.4 — Dative case of pronouns; age) Fill in the blanks with the needed pronouns.

 1. Это ваша бабушка? Сколько __________ лет?
 2. Это ваш племянник? Сколько __________ лет?
 3. Это ваш брат? Сколько __________ лет?
 4. Это ваши сёстры? Сколько __________ лет?
 5. Это ты? Сколько __________ лет?
 6. Это вы? Сколько __________ лет?
 7. Это ваши родители? Сколько __________ лет?
 8. Это ваша тётя? Сколько __________ лет?
 9. Это ты и сестра? Сколько __________ лет?
 10. Это ваша дочь? Сколько __________ лет?

5. (7.5 — Number of people in the family) **Вопросы о семье.** Answer the questions in complete sentences, following the models.

Сколько детей у Василия Ивановича? (2) ⇨ ***У него двое детей.***
Сколько братьев у Сони? (2) ⇨ ***У неё два брата.***

 1. Сколько сестёр у Кирилла? (2)

 ____

 2. Сколько братьев у Марии? (4)

 ____

 3. Сколько братьев и сестёр у вашего папы?

 ____

 4. Сколько братьев и сестёр у вашей мамы?

 ____

 5. Сколько у вас братьев и сестёр?

 ____

 6. Сколько детей у Анны Фёдоровны? (4)

 ____

 7. Сколько детей у Нади и Вадима? (1)

 ____

 8. Сколько детей у Бориса Павловича? (3)

 ____

 9. Сколько детей у ваших родителей?

 ____

 10. Сколько у вас детей?

 ____

6. (7.5 — Number of people in the family) **Семья.** Give the Russian equivalents of these sentences.

   1. "How many brothers and sisters do you have?"

      ____

      "I have two sisters and a brother."

      ____

   2. "How many children are there in your family?"

      ____

      "There are three children in our family: myself and two brothers."

      ____

   3. "Does Sasha have brothers and sisters?"

      ____

      "No, he doesn't have any brothers and sisters."

      ____

7. (7.4–7.7 Age and names) **Диалоги.** Express the following dialogs, supplying information about yourself in the blanks in A.

   A. "What's your name?" (Use **ты**-form)

   ____

   " My name is ___."

   ____

   "How old are you?" "I'm ___ years old. And these are my friends.

   ____

   They're eighteen years old. Their names are Kira and Masha."

   ____

   ____

   B. "What are your names?"

   ____

   "Our names are Zina and Kirill."

   ____

   "How old are you?"

   ____

   "We're twenty-one years old."

   ____

8. (7.4–7.8) **О семье.** For each cue below, write a four-line dialogue following the model.

младший брат — Саша, 10
— Как зовут вашего младшего брата?
— Его зовут Саша.
— Сколько ему лет?
— Ему 10 лет.

старший брат — Володя, 19 ______________________________

____

____

____

старшая сестра — Лена,23 ______________________________

____

____

____

отец — Валерий Михайлович, 45 ______________________________

____

____

____

мать — Мария Петровна , 41 ______________________________

____

____

____

бабушка — Лидия Максимовна , 68 ______________________________

____

____

____

дедушка — Михаил Константинович, 72 ______________________________

____

____

____

9. (7.9 Prepositional case and **о** vs. **об**) Fill in the correct form of **о** or **об.**

1. _______ нашем новом преподавателе
2. _______ этой серьёзной студентке
3. _______ интересной газете
4. _______ его умном друге
5. _______ их весёлом уроке русского языка
6. _______ её младшем брате

10. (7.9 Prepositional case) **Разговор о семье.** Fill in the blanks with the words given.

— Кто это на ____?
эта фотография

— Это наша семья.

— А я ничего не знаю ________ __________________________.
о/об твоя семья

— Да ________ чём рассказать!
о/об

— Ну, расскажи __________ _______________________________ .
о/об отец

— Ладно. Папа преподаёт* _____ ______________________________________
в/на институт иностранных языков.

Мама работает _______ __________________________________.
в/на Центральная библиотека

— Я ничего не знаю ________ ____________________________.
о/об эта библиотека

Там, наверное, интересная коллекция.

* преподаёт = teaches

Имя и фамилия ______________________________

11. (7.9 Prepositional case) Answer the following questions, using pronouns.

Вы часто говорите о политике? ⇨ ***Да, мы часто говорим о ней.***

1. Американские студенты часто говорят о фильмах?

____

2. Ваши друьзя разговаривают о работе?

____

3. Ваши родители много спрашивают о ваших курсах?

____

4. Они спрашивают о курсе русского языка?

____

5. Кто о вас часто говорит?

____

12. (7.9 prepositional case) Create 10 meaningful sentences. Do not change word order, but do make the verbs agree with their subjects and put correct case endings on all modifiers and nouns.

я мы американские студенты наш преподаватель профессора вы	(не)	говорить думать спрашивать разговаривать рассказывать	о об	политика наша семья новые курсы работа родители деньги этот университет

1. ____
2. ____
3. ____
4. ____
5. ____
6. ____
7. ____
8. ____
9. ____
10. ____

Имя и фамилия ________________________________

13. (General review) Fill in the blanks with the correct form of any of the words listed below. Make sure that you create meaningful sentences. Mark the stress on the words you write in.

VERBS	говорить, любить, думать
MODIFIERS AND NOUNS	младший брат, моя старшая сестра, наша семья, спорт
PRONOUNS	кто, что, он, она

1. — О ________________ вы ____________________?

   — Мы ________________ о ____________________.

2. — Вы ________________ ____________________?

   — Да, я ______ очень ____________________.

3. Мои друзья ____________________, что

   американцы ________________ ________________.

4. — Расскажите о вашей семье.

   — Да о чём рассказать! Я очень ____________________

   ____________________.

5. Ты знаешь ____________________?

   Она ____________________, что вы хорошо понимаете по-русски.

14. (General review) **Вопросы о себе.** Answer these questions in complete sentences.

1. Как вас зовут?

____

2. Кто вы по профессии?

____

3. Где вы работаете?

____

4. Где вы родились?

____

5. Вы там выросли?

____

6. Где живут ваши родители?

____

7. Кто они по профессии?

____

8. Где они работают?

____

9. Сколько у вас братьев и сестёр?

____

10. Как их зовут?

____

11. Они работают или учатся? Где?

____

12. Сколько у вас детей?

____

13. Как их зовут?

____

14. Они учатся или работают? Где?

____

Имя и фамилия ______________________

15. (General review) **Письмо.** Fill in the blanks in the following letter to a friend.

Дорогой Павел!

Спасибо за интересное письмо. Ты ______________ (say), что ты хочешь знать больше ______________ (about our family). У нас ______________ (small) семья: я, сестра, отец и мать. ______________ (Brothers) у меня нет. ______________ (My father is named) Пётр Дмитриевич. ______________ (He is fifty-two years old). Ты, наверное, хочешь знать, ______________ (what he does for a living). Он врач, работает ______________ (in a big hospital). Папа у меня очень ______________ (serious) и думает только ______________ (about work), но я ______________ (love him a lot). ______________ (Mother is named) Софья Петровна. Она ______________ (was born) и ______________ (grew up) ______________ (in a small city) ______________ (in Latvia). Сейчас немного ______________ (about my sister). ______________ (She's seventeen) и ______________ (she studies) в ______________ (tenth) классе. Она очень хочет ______________ (to study at the university). Сестра у меня очень ______________ (bright) и ______________ (nice). В следующем письме я ______________ рассказать ______________ (about our city).

______________ (Yours)

Анна

Имя и фамилия ______________________

16. (General review) **Интервью**. The questions have been lost from the transcript of an interview with Kirill Pavlovich. Restore them.

1. — ______________________

— Меня зовут Кирилл Павлович.

2. — ______________________

— Мне сорок один год.

3. — ______________________

— Я бухгалтер.

4. — ______________________

— Я работаю на большом заводе.

5. — ______________________

—Я думаю, что это интересная работа.

6. — ______________________

— У меня двое детей: сын и дочь.

7. — ______________________

— Он учится в первом классе.

8. — ______________________

— Она учится в пятом классе.

9. — ______________________

— Да, они любят учиться.

10. — ______________________

— Мою жену зовут Катя.

Имя и фамилия ______________________________

11. — ____

— Ей тридцать пять лет.

12. — ____

— Она работает в лаборатории.

13. — ____

—Пожалуйста. До свидания.

В МАГАЗИНЕ

ФОНЕТИКА И ИНТОНАЦИЯ

A. SOFT CONSONANTS [д], [т], [л], AND [н]

As you remember, most Russian consonant letters can be pronounced *hard* (non-palatalized) or *soft* (palatalized). In the written language one can tell whether a consonant is hard or soft by looking at the following letter, as shown below:

Ø а э о у ы	indicate that the *preceding* consonant is *hard*
ь я е ё ю и	indicate that the *preceding* consonant is *soft*

Notice that the underlined consonants in the following words are soft:

хоте́ли пять где день зна́ли рубле́й неда́вно

Remember that pronouncing a soft consonant is like saying the consonant and the [y] of *you* at the exact same time.

For [д] and [т], softness also results in some extra friction, which may sound to you like a barely audible soundsimilar to English [s] or [z]. Thus the first four words listed above may sound to you like:

хот^{s}е́ли пять^{s} гд^{z}е д^{z}ень

In addition, the pronunciation of the vowel preceding the soft consonant is also affected.

Soft [л] and [н]

Softness also has a drastic effect on [л] and [н]. Hard Russian [л] and [н] differ only slightly from [l] and [n] of American English. But for soft [л] and [н], the tip of the tongue rests behind the lower teeth, while the blade, or flat surface, of the tongue is arched up against the palate (the roof of the mouth). This contortion has a noticeable effect not only on the soft [л] or [н] itself, but also on the preceding vowel.

Listen to these constrastive syllables.

	HARD	***SOFT***		***HARD***	***SOFT***
1.	та	тя	13.	ла	ля
2.	тэ	те	14.	лэ	ле
3.	ты	ти	15.	лы	ли
4.	то	тё	16.	ло	лё
5.	ту	тю	17.	лу	лю
6.	ат	ать	18.	ал	аль
7.	да	дя	19.	на	ня
8.	дэ	де	20.	нэ	не
9.	ды	ди	21.	ны	ни
10.	до	дё	22.	но	нё
11.	ду	дю	23.	ну	ню
12.	ад	адь	24.	ан	ань

Now circle *all* the soft consonants in the dialog reprinted below. Then listen to the words on tape and repeat as closely as possible, paying special attention to soft [д], [т], [л], and [н]. Remember that [е] reduces to a sound close to [и] when unstressed.

— Пе́тя, где у вас мо́жно купи́ть ту́фли?
— В универма́ге и́ли в магази́не «Обувь».
— Дава́йте пойдём туда́ вме́сте.
— Хорошо́. Или пойдём в «Гости́ный двор». Там вы́бор неплохо́й.

Look at the text below taken from an announcement made over a store's public address system. Listen to the tape, and fill in the appropriate vowel in the blanks: **и** after soft consonants, **ы** after hard consonants. Enough key words are glossed so that you can follow the gist of the announcement.

Examples:	You hear:	**хо[д^3]ил**	You hear:	**ты**
		↓		↓
	You write:	**ход _и_ л**	You write:	**т_ы_**

respected / is open
Уважаем__е покупател___! На первом этаже нашего магаз___на откр___т новый

will find / wide / toys
детск___й отдел. В нём вы найдёте широк___й ассорт___мент кн___г, игрушек и

games / items / on sale
игр, а также детские принадлежност___. В продаже сегодня — видеокассет___ с

cartoons
зап___сями мультф___льмов Уолта Д___снея: «М___кки Маус», «Алад___н» и

«Ч___п и Дейл».

Listen to the following syllables. Pay attention to the quality of the vowel immediately preceding the hard and soft consonants. Imitate as closely as possible.

HARD	***SOFT***	***HARD***	***SOFT***	***HARD***	***SOFT***
1. ат	ать	6. ал	аль	11. ан	ань
2. ет	еть	7. ел	ель	12. ен	ень
3. ыт	ыть	8. ыл	ыль	13. ын	ынь
4. от	оть	9. ол	оль	14. он	онь
5. ут	уть	10. ул	уль	15. ун	унь

Now circle the consonants that you expect to be soft in the italicized words. Then listen to the tape, paying particular attention to the vowel preceding the soft consonant, if there is one. Imitate as closely as possible.

— *Коля, Сеня! Где* вы *были*?

— Мы *ходили* в «Дом *книги*».

— Мне *сказали,* что там *открыли* новый отдел.

— *Открыли. Только* мы ничего не *купили.* Мы *хотели купить Пете* книги

на *день рождения.*

— Ну и что?

— Мы *деньги забыли* дома.

B. IC–3 AND PAUSES

Most longer sentences are broken up into breath groups. Each breath group has its own intonation contour. Listen to the breath groups in these sentences:

3 1

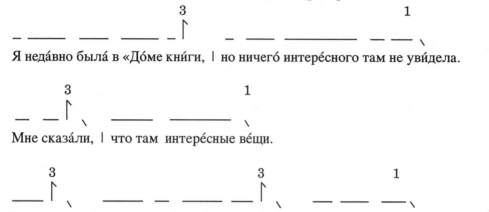

Я неда́вно была́ в «До́ме кни́ги, | но ничего́ интере́сного там не уви́дела.

3 1

Мне сказа́ли, | что там интере́сные ве́щи.

3 3 1

Понима́ешь, | на днях моя́ сосе́дка по ко́мнате | там купи́ла Замя́тина.

The non-final breath groups in each sentence are marked by IC–3, the same intonation found in yes-no questions. The final breath group is marked by IC–1, the intonation characteristic of simple declarative sentences.

Now listen to the following sentences:

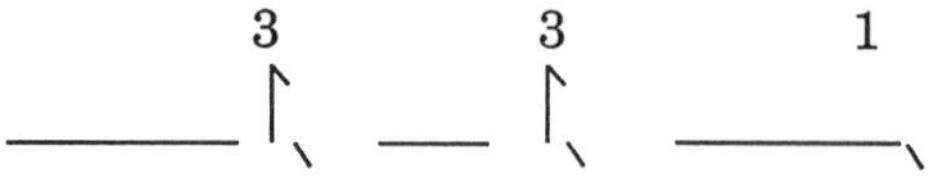

3 3 1

Мы бы́ли в Росси́и, | на Украи́не | и в Беларуси.

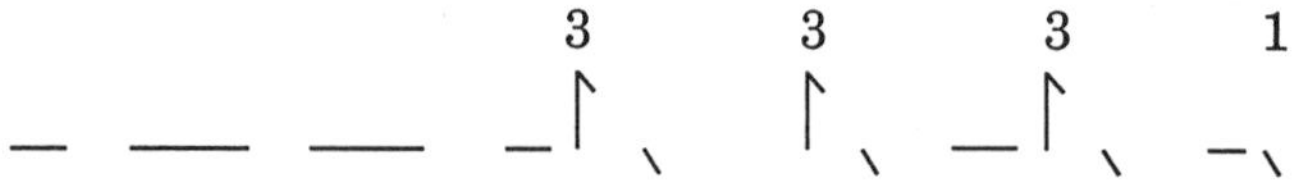

3 3 3 1

Мы хоте́ли купи́ть руба́шку, | брю́ки, | перча́тки | и ту́фли.

As you can see, each item in a series forms its own breath group marked by IC–3. The final item of the series is marked by IC–1.

In short, Russians often use IC–3 on non-final breath groups before a pause. IC–1 is used on the final breath group at the end of the sentence.

Имя и фамилия ______________________________

Listen to the utterances on tape. Mark the break between breath groups in the italicized sentences. Then mark the intonation contours for both groups by placing the appropriate number over the stressed syllable.

3 1

Образе́ц: У нас есть кварти́ра, | но нет маши́ны.

— Пе́тя, *я хочу́ сде́лать на́шей сосе́дке Ма́ше пода́рок на день рожде́ния.* Что ты мне посове́туешь ей купи́ть?

— Мо́жет быть, кни́гу? *Ведь недалеко́ от на́шего до́ма есть большо́й кни́жный магази́н. Я была́ там то́лько вчера́ и купи́ла вот э́ти но́вые кни́ги по иску́сству. Вот авангарди́сты, импрессиони́сты и абстракциони́сты.*

— Каки́е краси́вые кни́ги!

— И о́чень дёшево сто́или: *вот э́та кни́га сто́ила три́ста рубле́й, а э́ту я купи́ла за две́сти.*

— Это совсе́м не до́рого! А куби́сты бы́ли?

— *Они́ бы́ли ра́ньше, а тепе́рь их уже́ нет.*

— Всё равно́, *кни́га — иде́я хоро́шая.*

— *Если хо́чешь, мы мо́жем пойти́ вме́сте за́втра у́тром.*

— Дава́й.

Имя и фамилия ______________________________

УСТНЫЕ УПРАЖНЕНИЯ

Oral Drill 1 — (8.1 Past-tense of **хотéть**) Say the people in question wanted to buy a present.

Вы ⇨ ***Вы хотéли купи́ть подáрок.***

мы, Вади́м, Анна, роди́тели, ты (Сóня),
ты (Сергéй), Мáша, дéти, я

Oral Drill 2 — (8.1 Past tense) Change the present tense sentences to past tense.

Аня ду́мает купи́ть подáрок. ⇨ ***Аня ду́мала купи́ть подáрок.***

Аня знáет, где носки́.
Пётр Ивáнович живёт в Санкт-Петербу́рге.
Нáши друзья́ рабóтают в Нью-Йóрке.
Мы смóтрим телеви́зор.
Нáша дочь лю́бит свою́ шкóлу.
Их внук хóчет купи́ть одéжду.
Женá Рóберта говори́т по-ру́сски.
Рóберт смóтрит интерéсные фи́льмы.
Алла Дави́довна ду́мает купи́ть дом.
Мы все читáем газéту.

Oral Drill 3 — (8.1 Past tense of **-ся** verbs) When asked to tell about various people, say they were born and attended school in Moscow.

— Расскажи́те мне о Мáше. ⇨ ***— Ну, онá родилáсь и учи́лась в Москвé.***

Расскажи́те мне...
о вáшем сосéде
об э́той студéнтке
об их роди́телях
об э́том молодóм человéке
о твои́х друзья́х
об э́тих дéтях

Oral Drill 4 — (8.1 Past and present tenses) You will be asked questions about what you want to do. If the cue is **сейча́с,** answer that you now are doing the action. If the cue is **вчера́,** answer that you did it yesterday.

— **Вы хоти́те рабо́тать в Москве́?/сейча́с** ⇨ — ***Мы сейча́с рабо́таем в Москве́.***
— **Вы хоти́те чита́ть э́тот журна́л?/вчера́** ⇨ — ***Мы вчера́ чита́ли э́тот журна́л.***

Вы хоти́те...
слу́шать пласти́нки? (сейча́с)
смотре́ть телеви́зор? (вчера́)
чита́ть газе́ту? (сейча́с)
говори́ть о поли́тике? (вчера́)
рабо́тать в библиоте́ке? (вчера́)
смотре́ть фотогра́фии? (вчера́)
слу́шать ра́дио? (вчера́)
занима́ться? (сейча́с)

Oral Drill 5 — (8.2 Past tense of **быть**) When asked if various people have been to the store, indicate that they have.

— **Пе́тя был в магази́не?** ⇨ — ***Да, он там был.***

вы, сестра́ Вади́ма, Вади́м,
бра́тья Ве́ры, Вале́рия Никола́евна,
но́вые сосе́ди, ме́неджер

Oral Drill 6 — (8.2 Past tense of **быть**) You are told someone or something was here. Imagine that you didn't hear what it was. Ask who (or what) was here.

— **Здесь была́ шко́ла.** ⇨ — ***Что здесь бы́ло?***
— **Здесь была́ ма́ма.** ⇨ — ***Кто здесь был?***

Здесь...
был па́па, бы́ли де́ти,
был сви́тер, бы́ли брю́ки,
была́ его́ вну́чка, был брат,
бы́ли роди́тели, бы́ли ту́фли

Oral Drill 7 — (8.3 past tense of **есть = был**) When asked if you have certain things, say you used to have them.

— **У вас есть кни́ги?** ⇨ — ***Нет, но у меня́ бы́ли кни́ги.***

У вас есть ... ?
маши́на, де́ньги, кварти́ра,
большо́е окно́, компью́тер,
ла́зерный при́нтер, кассе́ты,
магнитофо́н

Oral Drill 8 — (8.3 past tense of **нет = не́ было** and review of genitive singular) Say the following things were not here.

но́вая маши́на ⇨ ***Здесь не́ было но́вой маши́ны.***
хоро́ший компью́тер ⇨ ***Здесь не́ было хоро́шего компью́тера.***

большо́е окно́
но́вая шко́ла
больша́я ко́мната
наш телефо́н
чёрно-бе́лый телеви́зор
краси́вое пла́тье
ма́ленькое общежи́тие
краси́вая кварти́ра

Oral Drill 9 — (8.4 **ходи́л** — *went and returned*) When asked if the people in question are going somewhere, say that they've already gone and come back.

— Ва́дик идёт в магази́н? ⇨ ***— Нет, он уже́ ходи́л.***

Же́ня идёт в магази́н?
На́стя идёт в библиоте́ку?
Де́ти иду́т в кинотеа́тр?
Ма́ма и па́па иду́т на ры́нок?
Вы идёте в кинотеа́тр?

Oral Drill 10 — (8.4 **пошёл – пошла́ – пошли́** — *set out*) When asked if the people in question are at a certain place, respond that they have in fact set out for the place mentioned.

— Ве́ра в кинотеа́тре? ⇨ ***— Да, она́ пошла́ в кинотеа́тр.***

Пе́тя на ры́нке?
Де́ти в шко́ле?
Вале́рий в университе́те?
Со́ня на заня́тиях?
Ма́ма и па́па на рабо́те?

Oral Drill 11 — (8.4 **ходи́л** vs. **пошёл**) Answer yes to the questions. If asked whether Masha *is* somewhere else, answer that she has gone there (and not returned). If asked whether Masha was there, answer yes, that she went there and has come back.

— Где Ма́ша? На уро́ке? ⇨ ***— Да, она́ пошла́ на уро́к.***
— Где была́ Ма́ша? В кинотеа́тре? ⇨ ***— Да, она́ ходи́ла в кинотеа́тр.***

Где Ма́ша? В библиоте́ке?
Где была́ Ма́ша? На заня́тиях?
Где была́ Ма́ша? На ры́нке?
Где Ма́ша? На рабо́те?
Где Ма́ша? В кинотеа́тре?
Где Ма́ша? На конце́рте?
Где была́ Ма́ша? В магази́не?
Где была́ Ма́ша? В универма́ге?
Где Ма́ша? На филологи́ческом факульте́те?
Где Ма́ша? На заня́тиях?

Oral Drill 12 — (8.5 Forms of the dative) Ask how old the following people are.

Вале́рий Петро́вич ⇨ ***Ско́лько лет Вале́рию Петро́вичу?***

наш сосе́д
Анна Влади́мировна
её дочь
э́тот но́вый студе́нт
Бори́с Дми́триевич
но́вый секрета́рь
э́та но́вая студе́нтка
но́вый продаве́ц
наш преподава́тель

Oral Drill 13 — (8.6 dative case for indirect objects, and review of accusative case for direct objects) Tell what Kira gave to whom for **Но́вый год.**

ма́ма — сви́тер ⇨ ***Ки́ра подари́ла ма́ме сви́тер.***

па́па — руба́шка
ста́рший брат — га́лстук
мла́дший брат — кни́га
ста́ршая сестра́ — пла́тье
мла́дшая сестра́ — пласти́нка

Oral Drill 14 — (8.6 — **по** + dative) Your friend asks you if you like a certain subject. Respond that you do, and that you always read books on that subject.

— Ты лю́бишь иску́сство? ⇨ ***— Да, и всегда́ чита́ю кни́ги по иску́сству.***

Ты лю́бишь...
биоло́гию? му́зыку? хи́мию?
лингви́стику? литерату́ру?
иску́сство?

Oral Drill 15 — (8.6 — **ну́жно** contructions) The people in question not only want to do something, they have to as well. Complete each sentence, as in the model.

Я хочу́ рабо́тать ... ⇨ ***и мне ну́жно рабо́тать.***

Ты хо́чешь рабо́тать ...
Мы хоти́м отдыха́ть ...
Она́ хо́чет смотре́ть э́ти фи́льмы ...
Я хочу́ купи́ть перча́тки ...
Он хо́чет занима́ться ...
Они́ хотя́т говори́ть о поли́тике ...
Вы хоти́те де́лать фотогра́фии ...
Я хочу́ ду́мать о материа́ле ...

Oral Drill 16 — (8.6 — **на́до** constructions) Say that the following people need to relax, using **на́до** plus the dative case.

Этот ру́сский студе́нт. ⇨ ***Этому ру́сскому студе́нту на́до отдыха́ть.***

но́вая студе́нтка, на́ша сестра́, Вале́рия,
Никола́й Алекса́ндрович,
Ма́рья Васи́льевна, э́тот молодо́й челове́к,
э́та симпати́чная де́вушка,
на́ша но́вая сосе́дка, э́тот ста́рый продаве́ц,
твой оте́ц, твоя́ мать

Oral Drill 17 — (8.7 Genitive of absence for pronouns) Your friends are looking for a number of items. When asked if they are here, respond that they were here earlier, but they're gone now.

— Кни́ги здесь? ⇨ ***— Они́ бы́ли здесь ра́ньше, а тепе́рь их нет.***

Оде́жда здесь? Руба́шка здесь?
Ту́фли здесь? Пода́рок здесь?
Но́вый отде́л здесь? Ры́нок здесь?
Брю́ки здесь? Ша́пки здесь?
Пла́тье здесь? Де́ньги здесь?

Имя и фамилия ______________________________

Oral Drill 18 — (8.7 Prepositional of pronouns) Everyone knows about everyone else. Follow the models.

Ма́ша зна́ет о нас.	⇨	***И мы зна́ем о ней.***
Мы зна́ем о Ки́ре и Макси́ме.	⇨	***И они́ зна́ют о нас.***

Ки́ра и Макси́м зна́ют о вас.
Вы зна́ете о Ви́кторе.
Ви́ктор зна́ет о но́вом преподава́теле.
Но́вый преподава́тель зна́ет о но́вой сосе́дке.
Но́вая сосе́дка зна́ет о на́ших роди́телях.
На́ши роди́тели зна́ют о дире́кторе магази́на.
Дире́ктор магази́на зна́ет о Же́не и Са́ше.
Же́ня и Са́ша зна́ют обо мне́.
Я зна́ю о тебе́.
Ты зна́ешь о нас.
Мы зна́ем о Ма́ше.

Oral Drill 19 — (8.7 Declension of **кто**) You are told something about someone, but you can't make out the entire statement. Ask for more information about the words in italics.

Мне **на́до рабо́тать.**	⇨	***Кому́ на́до рабо́тать?***
Анто́на **нет здесь.**	⇨	***Кого́ нет здесь?***
Я ви́жу ***Ве́ру.***	⇨	***Кого́ вы ви́дите?***
Мой брат **был здесь.**	⇨	***Кто был здесь?***
Брат говори́л об ***Анто́не.***	⇨	***О ком он говори́л?***

Ему́ на́до рабо́тать.
Мое́й сестры́ нет до́ма.
Наш оте́ц пошёл домо́й.
Мы ду́мали *о моём сосе́де.*
Мы говори́ли об их вну́ке.
Я ви́жу *твоего́ бра́та.*
Моему́ му́жу на́до быть до́ма.
Его́ нет на рабо́те.
Я ви́жу *Са́шу.*
Ма́ма была́ на уро́ке.
У Зи́ны есть маши́на.
У меня́ есть пласти́нки.

Имя и фамилия ______________________________

Oral Drill 20 — (8.7 Declension of **что**) You are told something, but you can't make out the entire statement. Ask for more information.

Телеви́зора здесь нет.	⇨	***Чего́ здесь нет?!***
Я ви́жу шко́лу.	⇨	***Что вы ви́дите?!***
Мы говори́м об уро́ке.	⇨	***О чём вы говори́те?!***
Здесь была́ шко́ла.	⇨	***Что здесь бы́ло?!***

Я ви́жу университе́т.
Мы говори́м о заня́тиях.
Здесь бы́ли кни́ги.
Я покупа́ю руба́шку и брю́ки.
Ку́ртки здесь нет.
Я ви́жу ма́йку.
Все говоря́т о му́зыке.
Я смотрю́ но́вый фильм.
Здесь мы ви́дели но́вый дом.
Здесь был но́вый дом.

Oral Drill 21 — (Declension of modifiers, nouns, and pronouns; review) Practice declining the phrases given, answering the questions.

<u>но́вый продаве́ц</u>

Кто там?	⇨	***Но́вый продаве́ц.***
Кого́ нет?	⇨	***Но́вого продавца́.***
Кому́ вы покупа́ете пода́рок?	⇨	***Но́вому продавцу́.***
Кого́ вы ви́дите?	⇨	***Но́вого продавца́.***
О ком вы говори́те?	⇨	***О но́вом продавце́.***

мой ста́рший брат,
моя́ ста́ршая сестра́,
э́тот симпати́чный челове́к,
э́та симпати́чная де́вушка,
после́дний студе́нт,
после́дняя студе́нтка,
на́ша ма́ленькая семья́,
Ли́дия Петро́вна,
Дми́трий Алексе́евич,
твой большо́й друг,
я, он, она́, вы,
они́, ты, мы

Имя и фамилия ______________________

ПИСЬМЕННЫЕ УПРАЖНЕНИЯ

1. (8.1 Past tense) Fill in the blanks in the following diary with appropriate past-tense verb forms.

завтракать, ужинать, читать, ходить, слушать, смотреть, думать, говорить, работать, заниматься, купить, забыть, быть

понедельник:	Сегодня я ________________ (ate breakfast) в столовой. Днём я ________________________ (read) очень интересную книгу.
вторник:	Я весь день ________________________ (thought) о политике.
среда:	Утром я 4 часа __________________ (studied) в библиотеке. Днём я ____________________________ (worked).
четверг:	Днём я ___________________ (went) на занятия. Вечером я _________________________ (went) в кино.
пятница:	Я ______________ (forgot), что сегодня день рождения одного друга! Вечером я ________________________ (bought) ему подарок.
суббота:	Мой брат _______________ (watched) телевизор весь день, а я ______________________ (listened) радио.
воскресенье:	Я ____________ (was) дома. Мы _________________ (ate dinner) в хорошем ресторане.

Имя и фамилия ________________________________

2. (8.1 Past tense — personalized)

- Read through the following infinitive phrases, and check the ones indicating activities you did last week.

слушать радио, пластинки, лекцию, ...
читать газету, книгу, журнал, ...
смотреть телевизор, фотографии, фильм, ...
думать о политике, о друге, о матери, ...
говорить об университете, о России, ...
ходить в библиотеку, на занятия, на работу, ...
работать (где?)
заниматься (где?)
завтракать (где?)
обедать (где?)
ужинать (где?)

- Did you do something else that you can express in Russian?
- Now fill in the following diary page, indicating one or two activities you did each day. Use Exercise 1 as a model. Do not use any verb more than twice.

понедельник: ________________________________
____
____

вторник: ________________________________
____
____

среда: ________________________________
____
____

четверг: ________________________________
____
____

пятница: ________________________________
____
____

суббота: ________________________________
____
____

воскресенье: ________________________________
____
____

3. (8.1 Present and past tense — personalized) **Немного о себе.** Answer the following questions about yourself in complete sentences. Try to be honest, within the bounds of the Russian words you already know.

1. Где вы сейчас живёте?

   ____

   ____

2. Вы всегда там жили? Если нет, где вы жили раньше?

   ____

   ____

3. В каком городе вы учились в школе?

   ____

   ____

4. Вы работали, когда учились в школе? Где?

   ____

   ____

5. Какие книги вы читали в школе?

   ____

   ____

6. Вы вчера читали газету утром или вечером?

   ____

   ____

7. Что ещё вы делали вчера?

   ____

   ____

8. Вы вчера ходили в библиотеку?

   ____

   ____

9. Что вы там делали?

   ____

   ____

10. Куда ещё вы ходили вчера?

   ____

   ____

4. (8.2 Past tense of **быть**) Fill in the blanks with the appropriate past-tense form of **быть.**

1. — Где вы ____________________ вчера?

   — Мы ______________________ на книжном рынке.

   — Кто ещё там __________________________?

   — Кирилл. И Марина тоже __________________.

2. — Когда ты ____________________ на книжном рынке?

   — Я там ______________________ во вторник.

   — Книги там _________________________ дорогие?

   — __________ и дорогие, и дешёвые книги.* Там __________ одна очень интересная книга, которая стоила 35 рублей.

3. — Кто здесь ______________?

   — Здесь ____________ Маша.

4. — Кто _______ в библиотеке?

   — В библиотеке ____________ Борис.

5. — Что здесь ____________?

   — Здесь ____________ телефон.

6. — Что здесь _____________?

   — Здесь _____________ книги.

7. — Что здесь ____________?

   — Здесь ______________ окно.

8. — Кто здесь __________?

   — Здесь __________ наши родители.

* Дорогие книги стоят много денег. Дешёвые книги стоят очень мало денег.

5. (8.3 Past tense of **есть** and **нет**) The verbs have been left out of this questionnaire designed to determine whether people own the same things now that they owned last year (**в прошлом году**).

a. Fill in the missing verbs.

Сейчас ...	**В прошлом году ...**
у вас __________ компьютер?	у вас __________ компьютер?
у вас __________ принтер?	у вас __________ принтер?
у вас __________ радио?	у вас __________ радио?
у вас __________ машина?	у вас __________ машина?
у вас __________ телевизор?	у вас __________ телевизор?
у вас __________ гитара?	у вас __________ гитара?
у вас __________ роман Замятина?	у вас __________ роман Замятина?
у вас __________ хороший словарь?	у вас __________ хороший словарь?
у вас __________ большое кресло?	у вас __________ большое кресло?
у вас __________ квартира?	у вас __________ квартира?

b. Now answer ten of the above questions, in complete sentences.

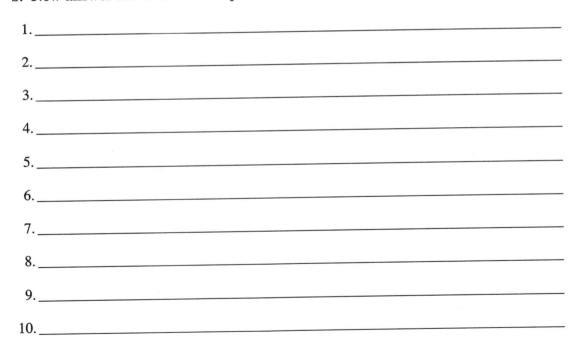

1. ____
2. ____
3. ____
4. ____
5. ____
6. ____
7. ____
8. ____
9. ____
10. ____

Имя и фамилия ______________________________

6. (8.4 **ходил** vs. **пошёл,** and review of accusative case) Answer the questions, using the appropriate Russian verb.

— Где была Мария? (лекция) ⇨ ***— Она ходила на лекцию.***
— Где Максим? (дом) ⇨ ***— Он пошёл домой.***

1. Где Анна? (парк)

____

2. Где Лена? (книжный рынок)

____

3. Где Вадим? (библиотека)

____

4. Где был Саша? (универмаг)

____

5. Где была Даша? (кино)

____

6. Где Маша? (лаборатория)

____

7. Где была мама? (работа)

____

8. Где Кирилл? (книжный магазин)

____

9. Где вы были? (университет)

____

10. Где ты был(а)? (ресторан)

____

7. (8.5 Dative case forms) Give the dative case for the following phrases. Circle the adjective endings for which you applied the 5-letter spelling rule.

кто/что	**кому/чему**
1. наш новый друг	______________
2. красивый чёрный галстук	______________
3. их старый преподаватель	______________
4. русское искусство	______________

5. это старое общежитие ______________________________
6. её синее платье ______________________________
7. эта новая библиотека ______________________________
8. моя старшая сестра ______________________________
9. их красивая тётя ______________________________
10. новая лаборатория ______________________________
11. дорогая кровать ______________________________
12. один маленький мальчик ______________________________
13. мама и папа ______________________________
14. наша бабушка ______________________________
15. ваш дедушка ______________________________
16. мать и отец ______________________________
17. его младший брат ______________________________
18. Юрий Вадимович ______________________________
19. старшая дочь ______________________________
20. этот хороший словарь ______________________________

8. (8.5 Dative with age) **Возраст.** Prepare to introduce a group of children to a class in Moscow by writing a sentence about each child, following the model.

Ванесса, 8, её младшая сестра Карина, 7, Монреал ⇨

Ванессе 8 лет, а её младшей сестре Карине 7 лет. Они живут в Монреале.

Эрика, 7, её младший брат Питер, 5, Вашингтон

____

Джон, 6, его младшая сестра Анна, 5, Нью-Йорк

____

Линда, 14, её старшая сестра Элла, 15, Лос-Анджелес

____

Джером, 16, его старший брат Билл, 17, Хьюстон

____

9. (8.5 Dative for indirect objects, and review of accusative for direct objects) **Кто кому что купил / подарил?** Use the words in the columns to build 10 sentences indicating who bought or gave what to whom for birthdays or other holidays last year. The question marks at the bottom of some columns indicate you may substitute a word of your own choosing. Do not change word order, but do put the correct endings on all words.

subjects	***verbs***	***indirect objects***	***direct objects***
я		я	книги
мама		мама	рубашка
папа	купил (-а, -и)	папа	платье
родители	подарил (-а, -и)	родители	машина
брат		брат	сюрприз
сестра		сестра	
?		?	?

1. ______________________________
2. ______________________________
3. ______________________________
4. ______________________________
5. ______________________________
6. ______________________________
7. ______________________________
8. ______________________________
9. ______________________________
10. ______________________________

10. (8.6 **по** + dative) **На книжном рынке.** Yesterday at the book mart everyone bought books on their speciality. Fill in the blanks as in the example.

Архитекторы купили книги по *архитектуре.*

1. Экономисты купили книги по ____________________.
2. Бизнесмены купили книги по ____________________.
3. Музыканты купили книги по ____________________.
4. Литературоведы купили книги по ____________________.
5. Историки купили книги по ____________________.
6. Биологи купили книги по ____________________.
7. Психологи купили книги по ____________________.
8. Социологи купили книги по ____________________.
9. Врачи купили книги по ____________________.
10. Я купил(а) книги по ____________________.

11. (8.6 Dative with **нужно, надо,** and **можно**) You have been asked to help a group of English-speaking tourists who want to go shopping tomorrow at a store in Moscow. In preparation, write down some of the expressions you will need, using **нужно, надо,** and **можно.**

1. Where can we buy women's clothing (женская одежда)?

   ____

   ____

2. Where can we buy men's clothing (мужская одежда)?

   ____

   ____

3. This American needs to buy a shirt.

   ____

   ____

4. This Canadian (woman) needs to buy a skirt.

   ____

   ____

5. They need to buy presents.

   ____

   ____

12. (8.7 Genitive of absence for personal pronouns) Answer the following questions in the negative, using genitive of absence, following the model.

Маша здесь? ⇨ ***Нет, её нет.***
Книги здесь? ⇨ ***Нет, их нет.***

1. Вадим здесь? ______________________________
2. Кирилл здесь? ______________________________
3. Лампа здесь? ______________________________
4. Музей здесь? ______________________________
5. Телефон здесь? ______________________________
6. Дети здесь? ______________________________
7. Лена здесь? ______________________________

13. (8.7 Prepositional of personal pronouns) Answer the questions affirmatively, using pronouns as in the models.

Анна говорит о тебе? ⇨ ***Да, она говорит обо мне.***
Ты говоришь обо мне? ⇨ ***Да, я говорю о тебе.***

1. Я говорю об Олеге? ______________________________
2. Олег говорит о родителях? ______________________________
3. Родители говорят о детях? ______________________________
4. Дети говорят о дне рождения? ______________________________
5. Ты говоришь о курсах? ______________________________
6. Вы говорите об Анне? ______________________________
7. Мы говорим о политике? ______________________________
8. Папа говорит о тебе? ______________________________
9. Преподаватель говорит о вас? ______________________________
10. Вы говорите о нас? ______________________________

14. (8.7 Declension of personal pronouns) Answer the following questions, using pronouns according to the models.

— Алла говорит о Пете?	⇨	***— Да, она говорит о нём.***
— Петя работает там?	⇨	***— Да, он работает там.***
— Петя знает Аллу?	⇨	***— Да, он её знает.***

1. Книги были здесь? ________________________________
2. Саша говорил о Маше? ________________________________
3. Маша знает Сашу? ________________________________
4. Маша купила книгу? ________________________________
5. Мама купила сыну книгу? ________________________________
6. Маша говорила о Вадиме? ________________________________
7. У Маши есть книга? ________________________________
8. Вы знаете Вадима? ________________________________
9. Вы знаете Вадима и Аню? ________________________________
10. Дети говорят о рынке? ________________________________

15. (Review) Ann spilled coffee on her letter to Sasha about her trip to St. Petersburg. Restore the missing words.

Дорогой Саша,

На прошлой неделе* мы ______________ в Петербурге, где мы ____________________ в большом общежитии. Наши __________________ были маленькие, но уютные. Мы ________________ и обедали в общежитии, а _______________ в ресторане или в кафе.

_________ вторник я ходила __________ балет, а Дейвид ____________ на футбол. Мы также ходили __________ ____________ — мы хотели купить _________________. Но мы не __________________ ____________________, потому что они _____________ очень дорогие!

Ваша,
Энн

*на прошлой неделе = last week

ЧТО МЫ БУДЕМ ЕСТЬ?

ФОНЕТИКА И ИНТОНАЦИЯ

REVIEW OF VOWEL REDUCTION: LETTERS **О, А** AND **Ы**

As you have seen, Russian unstressed vowel letters are reduced. Although vowel reduction takes place in English as well, the two systems differ:

English:

2 syllables before stress	1 syllable before stress	Stressed syllable	Any syllable after stress
Prominent	*Not prominent*	*Very prominent*	*Not prominent*
PRO	PA	**GAN**	DA

Russian:

2 syllables before stress	1 syllable before stress	Stressed syllable	Any syllable after stress
Not prominent	*Prominent*	*Very prominent*	*Not prominent*
ПРО	ПА	**ГАН**	ДА

Имя и фамилия ______________________________

REDUCTION OF O AND A

The vowel reduction of letters **о** and **а** can be represented as follows:

2 syllables before stress	1 syllable before stress	Stressed syllable	Any syllable after stress
Not prominent	*Prominent*	*Very prominent*	*Not prominent*
"uh"	"ah"	**No change: Read as fully stressed**	"uh"

Note that as far as phonetics is concerned, prepositions behave as if they were unstressed syllables of the following word. Consider the phrase **на вокза́ле** (*at the railroad station*):

2 syllables before stress	1 syllable before stress	Stressed syllable	Any syllable after stress
Not prominent	*Prominent*	*Very prominent*	*Not prominent*
НА	ВОК	**ЗА**	ЛЕ

REDUCTION OF Ы

Unlike **о** and **а,** the vowel letter **ы** reduces to an "uh"-type vowel only when it occurs after the stress but not as the last letter of the word or part of a grammatical ending:

шашлы́к	Read as **ы**—stressed
газе́ты	Read as **ы**—last letter in the word
му́зыка	Read as "uh"—after the stress and not the last letter in the word
но́вый	Read as **ы**—part of a grammatical ending

Имя и фамилия ______________________________

A. Listen to the utterances below.

1. Underline the stressed (very prominent) vowel.
2. Strike through the prominent vowels, i.e. those which are one syllable before the stress.
3. Place an "X" over the non-prominent vowels, i.e. those either more than one syllable before the stress or anywhere after the stress.

1. по • па • дём
2. ба • ка • ле • я
3. та • ба • ка
4. хо • ро • шо
5. по • ми • дор
6. за • ка • зы • ва • ла
7. на • вто • ро • е
8. на • слад • ко • е
9. по • ка • зы • ва • ла
10. му • зы • ка
11. до • ро • го
12. мо • ло • дой
13. ра • бо • та • ют
14. ду • ма • ют
15. по • ка • за • ла

4. Now repeat the words in the list as accurately as you can, paying attention to vowel reduction.

Имя и фамилия ______________________________

УСТНЫЕ УПРАЖНЕНИЯ

Oral Drill 1 — (9.1—**есть**) You are about to sit down to eat when you are told that some of the guests don't eat meat. Express your surprise.

— **Никола́й не ест мя́со.** ⇨ — ***Я не зна́л(а), что он не ест мя́со.***

Анна, Никола́й и Анна, их роди́тели, я, мы, э́ти студе́нты, Ви́ктор

Oral Dill 2 — (9.1—**есть**) Say that the following people do not eat meat.

я ⇨ ***Я не ем мя́со.***
она́ ⇨ ***Она́ не ест мя́со.***

студе́нты, ты, вы, сосе́дка по ко́мнате, ваш друг, она́, э́ти же́нщины

Oral Drill 3 — (9.1—**пить**) Finish the sentence that you hear on tape. Be as righteous as possible: "I'm not allowed to drink ... *And I don't!*").

Мне нельзя́ пить ... ⇨ ***... и я не пью!***
Па́влу нельзя́ пить ... ⇨ ***... и он не пьёт!***

... нельзя́ пить.
Ма́ме ..., Па́пе ...,
Нам ..., Тебе́ ..., Мне ...,
Това́рищу по ко́мнате ...,
Сосе́дке по ко́мнате ..., Нам ...

Oral Drill 4 — (9.2 Quantities) Tell the questioners how much they owe. Each time, the price goes up by one ruble and one kopeck.

— **Ско́лько с нас?** ⇨ — ***Два́дцать пять рубле́й, се́мьдесят одна́ копе́йка.***

Ско́лько с нас?
28 р 74 к
29 р 75 к
30 р 76 к
31 р 77 к
32 р 78 к
33 р 79 к
34 р 80 к
35 р 81 к
36 р 82 к
37 р 83 к

Oral Drill 5 — (9.3— **нельзя́**). You know that these people should not eat sweets. Say so.

Ты ешь сла́дкое?! ⇨ ***... Тебе́ нельзя́ сла́дкое есть!***

Она́ ест сла́дкое?
Де́ти едя́т сла́дкое?
Наш преподава́тель ест сла́дкое?
Мы еди́м сла́дкое?
Ва́ша мать ест сла́дкое?
Роди́тели едя́т сла́дкое?
Твой оте́ц ест сла́дкое?

Oral Drill 6 — (9.3—**нельзя́**) You see someone doing something you know s/he shouldn't be doing. Complete the statement with the appropriate indignant comment.

Ты пьёшь вино́? ⇨ ***А тебе́ нельзя́ пить вино́!***
Она́ смо́трит телеви́зор? ⇨ ***А ей нельзя́ смотре́ть телеви́зор!***

Ты покупа́ешь вино́?
Вы идёте домо́й?
Она́ покупа́ет шокола́д?
Он смо́трит тако́й фильм?
Он живёт в общежи́тии?
Вы чита́ете э́тот журна́л?
Они́ пи́шут пи́сьма?
Ты берёшь вино́?

Oral Drill 7 — (9.4 Future tense of **быть** — to be) When asked if various people were home yesterday, say no, but they will be home tomorrow.

— Вади́м был до́ма вчера́? ⇨ ***— Нет, но он бу́дет до́ма за́втра.***

Алекса́ндр, твои́ друзья́,
преподава́тель, ты, вы,
Ники́тин, сосе́дка по ко́мнате, вы

Oral Drill 8 — (9.5 Imperfective future) When asked if various people are doing something today, say they will be doing it tomorrow.

— Друзья́ сего́дня отдыха́ют? ⇨ ***— Нет, они́ бу́дут отдыха́ть за́втра.***

Ла́ра сего́дня чита́ет?
Вы сего́дня занима́етесь?
Ви́ктор сего́дня слу́шает ра́дио?
Де́ти сего́дня смо́трят телеви́зор?
Ты сего́дня рабо́таешь?
Роди́тели сего́дня убира́ют дом?
Вы сего́дня пи́шете пи́сьма?
Ты сего́дня у́жинаешь в кафе́?

Имя и фамилия ______________________________

Oral Drill 9 — (9.5 Imperfective future) You're bored. Your friend digs up an item that might divert your attention. Respond, using an appropriate verb in the future tense: "Look, here is a paper!" "Great, I'll read the paper!"

— Вот журна́л. ⇨ ***— Хорошо́! Я бу́ду чита́ть журна́л.***
— Вот ра́дио. ⇨ ***— Хорошо́! Я бу́ду слу́шать ра́дио.***

Вот...
книги, лимона́д, газе́та,
му́зыка, шампа́нское, телеви́зор

Oral Drill 10 — (9.6 Perfective future) You're asked if you've done whatever you were supposed to have done by now. Say you'll get it done right away.

— Вы уже́ написа́ли письмо́? ⇨ ***— Нет, но я сейча́с напишу́!***

Вы уже́...
прочита́ли журна́л?
пригото́вили у́жин?
съе́ли моро́женое?
вы́пили чай?
посмотре́ли фотогра́фии?
взя́ли докуме́нты?
посове́товали им, что де́лать?
пообе́дали?
поза́втракали?
поу́жинали?
сде́лали рабо́ту?
купи́ли о́вощи?
прослу́шали кассе́ту?

Oral Drill 11 — (9.6 — Aspectual differences in the future) You're asked if you're ever planning to do whatever you were supposed to do. Yes, you say defensively. You'll get it done tomorrow!

— Вы бу́дете писа́ть письмо́? ⇨ ***— Я напишу́ письмо́ за́втра!***
— Вы бу́дете чита́ть кни́гу? ⇨ ***— Я прочита́ю кни́гу за́втра!***

Вы бу́дете...
покупа́ть оде́жду?
смотре́ть фильм?
гото́вить у́жин?
чита́ть журна́л?
гото́вить котле́ты?
покупа́ть оде́жду?
слу́шать пласти́нку?
де́лать уро́ки?
брать кни́ги?

Oral Drill 12 — (9.6 Perfective future) Tell your friend that Masha will do everything.

— Хóчешь, я приготóвлю ýжин? ⇨ ***— Не нáдо! Мáша приготóвит.***
— Хóчешь, я куплю́ газéту? ⇨ ***— Не нáдо! Мáша кýпит.***

Хóчешь, я ...
пойдý в библиотéку?
пойдý в магази́н?
куплю́ подáрок?
приготóвлю зáвтрак?
сдéлаю пи́ццу?
напишý письмó?
прочитáю тебé расскáз?
посовéтую, что дéлать?

Oral Drill 13 — (New verb — **взять;** see also 9.6 aspect) When told that various people have been advised to get fish, say that they will.

— Посовéтовали нам взять ры́бу. ⇨ ***— Вот её мы и возьмём.***
— Посовéтовали пáпе взять ры́бу. ⇨ ***— Вот её он и возьмёт.***

Посовéтовали ... взять ры́бу.
мне, Валéрию, нáшим друзья́м,
Анне Дми́трьевне, дéтям,
нам, мне, им, дóчери

Oral Drill 14 — (New verb — **брать;** see also 9.8 aspect) Some of the guests will probably order wine. You know that they always order wine.

— Жéня, навéрное, возьмёт винó. ⇨ ***— Онá всегдá берёт винó.***
— Ты, навéрное, возьмёшь винó. ⇨ ***— Я всегдá берý винó.***

Андрéй Михáйлович, я, мы,
нáши друзья́, вы,
товáрищ по кóмнате, Алла, ты

Имя и фамилия ______________________________

ПИСЬМЕННЫЕ УПРАЖНЕНИЯ

1. (9.1 **есть** and **пить**) Fill in the blanks with the appropriate present-tense forms of **есть** or **пить.**

   1. Утром я ________________ хлеб и ________________ чай.
   2. Маша ________________ кашу и ________________ молоко.
   3. Её родители ________________ яичницу и ________________ кофе.
   4. Днём я ________________ суп и ________________ Пепси.
   5. Вы тоже ________________ суп?
   6. Вечером эти студенты обычно ________________ кофе.
   7. Ты обычно ________________ кофе или чай?
   8. Ты ________________ сладкое каждый день?
   9. Мы ________________ фрукты и ________________ минеральную воду.
   10. Этот человек вегетарианец, он вообще не ________________ мясо.

2. (9.1 **есть, завтракать, обедать, ужинать, пить**) Express the following ideas about food in Russian, filling in the questions in parentheses with information that fits your life.

   1. I usually eat breakfast (when) (where).

      ____

   2. I love to eat (what).

      ____

   3. I eat lunch (when, where).

      ____

   4. For lunch (**на обед**) I eat (what) or (what), and drink (what).

      ____

   5. I usually eat dinner (where), but sometimes I eat dinner at a restaurant.

      ____

      ____

3. (9.1 **есть, пить**) Compose 10 factually and grammatically correct sentences from the elements given below. Use one phrase from each column in each sentence. Do not change word order.

моя сестра		часто		молоко
мои родители		редко		грейпфрут
дети	сейчас	никогда не	есть	мясо
американцы	раньше	каждый день	пить	шампанское
студенты		утром		кофе
		вечером		пицца

1. ________________________________
2. ________________________________
3. ________________________________
4. ________________________________
5. ________________________________
6. ________________________________
7. ________________________________
8. ________________________________
9. ________________________________
10. ________________________________

4. (9.2 Quantities) Write out the words for rubles and kopecks in the following prices.

5 р. 50 к. *5 рублей 50 копеек*

2 р. 32 к. ________________________________

47 р. 13 к. ________________________________

12 р. 21 к. ________________________________

4 р. 66 к. ________________________________

27 р. 64 к. ________________________________

Имя и фамилия ______________________________

5. (9.3 Subjectless constructions) Fill in the blanks with the needed word.

легко • можно • надо • нужно • невозможно • нельзя • трудно

1. Сегодня мне ______________________ смотреть телевизор. Ведь завтра будет экзамен.
2. Нам ______________________ заниматься, потому что завтра будет экзамен.
3. Это очень популярный ресторан — туда ______________________ попасть.
4. ______________________ готовить пиццу.
5. Говорить по-русски мне ______________________
6. Мы приготовим бутерброды. ______________________ купить хлеб.

6. (9.3 Subjectless constructions, personalized) Complete the following sentences so that they make sense.

1. Сегодня мне надо ____
2. Мне очень трудно ____
3. Когда я занимаюсь, мне нельзя ______________________________________
4. Когда у меня будут дети, им нельзя будет _______________________________
5. Когда у меня будут дети, им нужно будет _______________________________

7. (9.4 Future tense of **быть**) Write a paragraph about an imaginary trip, by combining the words into sentence. Use the future tense of **быть,** and do not change word order.

1. Завтра / мы / быть / в / Санкт-Петербург
2. Днём / у нас / быть / свободное время
3. Кто / где / быть?
4. Маша и Катя / быть / в / Эрмитаж
5. Кевин / быть / на / книжный рынок
6. Я / быть / в / новая школа
7. А / где / ты / быть, / Джон?
8. Нина Павловна, / где / вы / быть?

Имя и фамилия ______________________________

8. (9.4 Future tense of **быть,** personalized) Answer to the following questions. Use complete sentences and the future tense of **быть** as in the model.

Где вы будете завтра днём? ⇨ *Завтра днём я буду в библиотеке.*

1. Где вы будете в пятницу вечером?

2. Где вы будете во вторник утром?

3. Где будут ваши друзья в субботу утром?

4. Где вы будете летом?

5. Где будут ваши родители на Новый год?

9. (9.5 Imperfective future, personalized) Indicate what you will do next week by selecting ten activities from the list below. Write them on the schedule. Do not use any verb more than twice. Follow the model.

читать газету, книгу, журнал, письма, ... писать письма, диссертацию, ... слушать радио, пластинки, лекции думать об университете, ... говорить о политике, об экономике, ... работать (где?) заниматься (где?) ужинать в ресторане

Понедельник: *Я буду заниматься в библиотеке.*

Вторник: ________________________________

Среда: ________________________________

Четверг: ________________________________

Пятница: ________________________________

10. (9.6 Aspect) Indicate whether each of the sentences in the following story refers to the present (P) or the future (F). Underline the words that make it possible to determine this.

__P__ Маша <u>сейчас готовит</u> пиццу.

_____ Завтра она приготовит котлеты по-киевски.

_____ Утром она купит курицу.

_____ Каждый день она покупает хлеб.

_____ Когда она будет в Москве, она не будет готовить.

_____ Она всё время будет ужинать в столовой.

_____ Там она будет брать чай.

_____ А дома она обычно берёт кофе.

_____ Её мама ей советует не пить кофе.

_____ Сегодня вечером она возьмёт шампанское.

_____ Что мама посоветует ей делать?

11. (9.6 **брать** vs. **взять**) Fill in the blanks, using the present tense of **брать** and the future tense of **взять** where needed.

— Сейчас посмотрим, что на меню. Вот я, наверное, ____________________
will get

рыбу. Ты, как всегда, ____________________ мясо?
will get

— Да. Ведь я всегда ____________________ мясо, если оно есть.
get

— А если нет мяса?

— Тогда мы ____________________ две порции рыбы.
will get

— А на сладкое что мы ____________________?
will get

— Сейчас посмотрим. А интересно, что ____________________
are getting

молодые люди, которые вот там сидят. Кажется, им приносят очень интересное блюдо.

12. (Pulling it together) Answer the following questions. Then write down your answers.

 1. Какие фрукты вы любите?

 ____

 2. Какие овощи вы любите?

 ____

 3. Что вы любите есть на завтрак?

 ____

 4. Что вы любите есть на обед?

 ____

 5. Что вы любите есть на ужин?

 ____

 6. Что вы обычно заказываете в ресторане?

 ____

 7. Что вы пьёте на завтрак?

 ____

 8. Что вам нельзя есть?

 ____

 9. Что вам нельзя пить?

 ____

 10. Какую кухню вы любите?

 ____

БИОГРАФИЯ

ЧИСЛИТЕЛЬНЫЕ

Listen to the tape and write down the years of birth of these famous people.

	год рождения
1. Юрий Гагарин (первый космонавт)	________________
2. Алла Пугачёва (артистка эстрады)	________________
3. Борис Ельцын (политический деятель)	________________
4. Роальд Сагдеев (астрофизик)	________________
5. Наталья Негода (киноактриса)	________________
6. Артём Боровик (журналист)	________________
7. Татьяна Толстая (писатель)	________________
8. Илья Глазунов (художник)	________________
9. Дина Азарова (кинорежиссёр)	________________
10. Белла Ахмадулина (поэтесса)	________________

Имя и фамилия ______________________________

ФОНЕТИКА И ИНТОНАЦИЯ

QUESTIONS ASKING FOR ADDITIONAL INFORMATION

Intonation contour (IC–4)

IC-4 is used for questions beginning with the conjunction **а** that ask for additional information on the topic at hand. The best English equivalent is "And what about...?" IC–4 is characterized by a low rising tone:

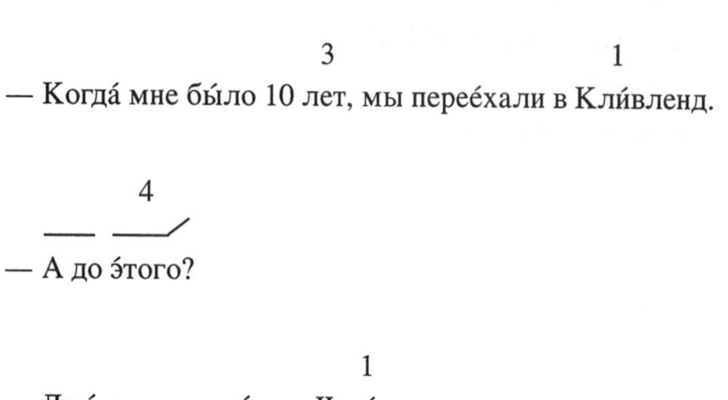

— Когда́ мне бы́ло 10 лет, мы перее́хали в Кли́вленд.

— А до э́того?

— До э́того мы жи́ли в Чика́го.

— А пото́м?

— А пото́м мы перее́хали в Да́ллас.

Keep in mind that not all utterances beginning with **"а"** feature IC–4, only those which ask for additional information.

Имя и фамилия ______________________________

 A. Now determine which of the sentences below can be expected to have IC–4. Then listen to the tape to see if you were correct.

— Кто э́то на фотогра́фии?

— Брат.

— А э́то?

— Сестра́. Вот сестра́ родила́сь в Ирку́тске.

— А брат? Он то́же из Ирку́тска?

— Нет, он роди́лся и вы́рос в Новосиби́рске. Пото́м он перее́хал в Москву́ рабо́тать.

— А институ́т? Како́й институ́т он око́нчил?

— А он не учи́лся в институ́те. Он сра́зу пошёл рабо́тать.

— А сестра́? Она́ учи́лась в институ́те?

— Она́ ещё у́чится. В медици́нском. На пя́том ку́рсе.

— А пото́м?

— Пото́м ординату́ра.

— А по́сле э́того?

— Рабо́та в больни́це.

B. Now repeat the utterances given above so that your intonantion matches that of the speakers on the tape.

Имя и фамилия ______________________

УСТНЫЕ УПРАЖНЕНИЯ

Oral Drill 1 — (10.1 Resemblance and review of accusative case) Say that the person showing you pictures resembles the people in the photographs.

— Это фотогра́фия ма́мы. ⇨ ***— Вы о́чень похо́жи на ма́му!***
— Это фотогра́фия бра́та. ⇨ ***— Вы о́чень похо́жи на бра́та!***

Это фотогра́фия ...
па́пы, дру́га, сосе́да,
ба́бушки, ма́тери,
до́чери, отца́, сестры́,
бра́та, сы́на

Oral Drill 2 — (10.1 Resemblance and review of accusative case) Agree with the speaker that the people look alike.

— Сын похо́ж на отца́. ⇨ ***— И оте́ц похо́ж на сы́на.***
— Мать похо́жа на дочь. ⇨ ***— И дочь похо́жа на мать.***

Брат похо́ж на сестру́.
Брат похо́ж на дете́й.
Ты похо́ж на меня́.
Мы похо́жи на вас.
Она́ похо́жа на него́.
Они́ похо́жи на нас.
Ты похо́ж на неё.
Ве́ра похо́жа на Макси́ма.
Студе́нтка похо́жа на них.

Oral Drill 3 — (10.1 Comparing ages) You learn how old some new acquaintances are. State who is younger and by how many years.

На́сте 18 лет. Поли́ине 20 лет. ⇨ ***На́стя моло́же Поли́ны на два го́да.***
Ки́ре 17 лет. Поли́не 20 лет. ⇨ ***Ки́ра моло́же Поли́ны на три го́да.***

Ки́ре 17 лет. На́сте 18 лет.
Кири́ллу 19 лет. Поли́не 20 лет.
Ки́ре 17 лет. Кири́ллу 19 лет.
Са́ше 15 лет. Мари́и 23 го́да.
Па́влу 14 лет. Мари́и 23 го́да.
На́сте 18 лет. Поли́не 20 лет.
Ви́ктору 13 лет. Кири́ллу 19 лет.
Ла́ре 12 лет. Ви́ктору 13 лет.

Имя и фамилия ______________________________

Oral Drill 4 — (10.1 Comparing ages) You learn how old some new acquaintances are. State who is older and by how many years.

Лю́бе 20 лет. Ки́ре 17 лет. ⇨ ***Лю́ба ста́рше Ки́ры на три го́да.***
На́сте 18 лет. Ки́ре 17 лет. ⇨ ***На́стя ста́рше Ки́ры на год.***

Ви́ктору 13 лет. Ло́ре 12 лет.
Лю́бе 20 лет. Ви́ктору 13 лет.
Кири́ллу 19 лет. Са́ше 15 лет.
Мари́и 23 года. Ла́ре 10 лет.
Лю́бе 20 лет. Ла́ре 10 лет.
Ви́ктору 13 лет. Сестре́ 11 лет.
Мари́и 23 года. Ле́не 12 лет.
Са́ше 15 лет. Па́влу 14 лет.

Oral Drill 5 — (Textbook page 287 — Elementary/high school vs. university) Listen or these students' level of study. Then state whether they go to elementary/high school or college.

— Ви́тя у́чится в деся́том кла́ссе. ⇨ ***— Ага́, зна́чит, он ещё у́чится в шко́ле.***
— Алла у́чится на тре́тьем ку́рсе. ⇨ ***— Ага́, зна́чит, она́ уже́ у́чится в университе́те.***

Зи́на у́чится на пе́рвом ку́рсе.
Жа́нна у́чится на пя́том ку́рсе.
Ко́ля у́чится в шесто́м кла́ссе.
Марк у́чится во второ́м кла́ссе.
Та́ня у́чится на тре́тьем ку́рсе.
Воло́дя у́чится на второ́м ку́рсе.

Oral Drill 6 — (Textbook page 287 — Elementary/high school vs. university) When told where various people go to school, ask what year they're in.

— Ма́ша у́чится в шко́ле. ⇨ ***— Да? В како́м кла́ссе она́ у́чится?***
— Бра́тья Ка́ти у́чатся в институ́те. ⇨ ***— Да? На како́м ку́рсе они́ у́чатся?***

Де́ти у́чатся в шко́ле.
Ди́ма у́чится в университе́те.
Сёстры Са́ши у́чатся в институ́те.
Анто́н у́чится в шко́ле.
До́чери сосе́да у́чатся в шко́ле.
Вале́ра у́чится в институ́те.

Oral Drill 7 — (10.2 — **поступа́ть/поступи́ть** ***куда́***) Listen to the statements telling you how good a student various people are, and indicate the probability that they will go to the university.

— Я хорошо́ учу́сь. ⇨ ***— Ты, наве́рное, посту́пишь в университе́т.***
— Ва́ря пло́хо у́чится. ⇨ ***— Она́, наве́рное, не посту́пит в университе́т.***

Ми́ла хорошо́ у́чится.
Са́ша пло́хо у́чится.
Я хорошо́ учу́сь.
Бра́тья хорошо́ у́чатся.
Друзья́ пло́хо у́чатся.
Вы хорошо́ у́читесь.
Ты хорошо́ у́чишься.
Сын сосе́да пло́хо у́чится.

Oral Drill 8 — (10.2 — **поступа́ть/поступи́ть** ***куда́***) When told where various people go to school, ask when they entered.

— Ма́ша у́чится в институ́те. ⇨ ***— А когда́ она́ поступи́ла в институ́т?***
— Мы у́чимся в аспиранту́ре. ⇨ ***— А когда́ вы поступи́ли в аспиранту́ру?***

Я учу́сь в институ́те.
Воло́дя у́чится в университе́те.
Ми́ша у́чится в аспиранту́ре.
Кири́лл и Ва́ня у́чатся в аспиранту́ре.
Ла́ра у́чится в университе́те.

Oral Drill 9 — (10.2 — **око́нчить шко́лу, университе́т, институ́т**) Ask when the people will graduate.

— Ма́ша у́чится в шко́ле. ⇨ ***— А когда́ она́ око́нчит шко́лу?***
— Мы у́чимся в аспиранту́ре. ⇨ ***— А когда́ вы око́нчите аспиранту́ру?***

Я учу́сь в институ́те.
Воло́дя у́чится в университе́те.
Ми́ша у́чится в шко́ле.
Кири́лл и Ва́ня у́чатся в аспиранту́ре.
Ла́ра у́чится в университе́те.

Oral Drill 10 — (10.3 — **В како́м году́?**) Check that you heard the birth years of the Russian writers correctly.

— Юлия Вознесе́нская родила́сь в 1940-о́м году́. ⇨
— *В како́м году́? В 1940-о́м году́?*

Алекса́ндр Солжени́цын роди́лся в 1918-ом году́.
Татья́на Мамо́нова родила́сь в 1943-ом году́.
Осип Мандельшта́м роди́лся в 1891-ом году́.
Наде́жда Мандельшта́м родила́сь 1899-ом году́.
Евге́ния Ги́нзбург родила́сь в 1906-ом году́.
Васи́лий Аксёнов роди́лся в 1932-ом году́.

Oral Drill 11 — (10.4 — **че́рез, наза́д**) Substitute with the cue given. If you hear a noun or pronoun, change the verb ending. If you hear an adverb of time, make the appropriate change in tense.

Я око́нчу университе́т че́рез год.
Ма́ша ⇨ ***Ма́ша око́нчит университе́т че́рез год.***
год наза́д ⇨ ***Ма́ша око́нчила университе́т год наза́д.***

Ива́н
за́втра
вчера́
мы
Анна
че́рез неде́лю
они́
че́рез 3 го́да
я
ты
4 ме́сяца наза́д
они́

Oral Drill 12 — (10.5 — Verb Aspect) When asked if you are doing something, say that you've already finished it.

— Вы чита́ете кни́гу? ⇨ ***— Мы уже́ прочита́ли кни́гу.***

Вы за́втракаете?
Вы обе́даете?
Вы у́жинаете?
Вы пи́шете письмо́?
Вы смо́трите фильм?
Вы зака́зываете стол?
Вы расска́зываете о семье́?
Вы пока́зываете фотогра́фии?
Вы гото́вите пи́ццу?

Oral Drill 13 — (New verb — **пока́зывать/показа́ть**) Your friend is looking for people who promised to show her their photos. Assure her that the person will show them right away.

— **Где Вади́м? Мы ещё не смотре́ли его́ фотогра́фии!** ⇨
— ***Он их сейча́с пока́жет.***

— **Где ты? Мы ещё не смотре́ли твои́ фотогра́фии!** ⇨
— ***Я их сейча́с покажу́.***

Где...
сосе́ди, тури́ст, фото́граф,
вы, на́ши друзья́, Аня,
роди́тели, ты

Oral Drill 14 — (New verb — **расска́зывать/рассказа́ть**) Assure your friend that he hasn't yet missed the story about how someone moved from one place to another. The story is about to be told.

— **Воло́дя рассказа́л, как он перее́хал?** ⇨ — ***Нет, но сейча́с расска́жет.***
— **Вы рассказа́ли, как вы перее́хали?** ⇨ — ***Нет, но сейча́с расска́жем.***

Они́ рассказа́ли, как они́ перее́хали?
Това́рищ по ко́мнате ...?
Валенти́на Влади́мировна ...?
Ты ...?
Сосе́ди ...?
Вы ...?

Oral Drill 15 — (Review of all tenses) You are talking to a chatterbox and you have lost your temper. Insist that you don't want to hear another word about what the person in question did, is doing, or is going to do!

— **Вы зна́ете, где отдыха́ет Жа́нна?** ⇨ — ***Не зна́ю, где она́ отдыха́ла, где она́ отдыха́ет, или где она́ бу́дет отдыха́ть!***

Вы зна́ете,
где рабо́тает Евге́ний?
где у́чится Ва́ня?
где живёт Воло́дя?
где живу́т де́ти?
где я учу́сь?
где мы рабо́таем?

Имя и фамилия ______________________________

Oral Drill 16 — (New verb — **переезжáть/переéхать**) You are asked if various people move a lot. State that they do, and add that they moved a year ago and will move again in a year.

— **Вы чáсто переезжáете?** ⇨

— ***Да, мы переезжáем чáсто.***

Мы переéхали год назáд и переéдем чéрез год.

Эта семьй чáсто переезжáет?

Брат Вéры ...?

Их дéти ...?

Родúтели Рóберта ...?

Твой друг ...?

Ты ...?

Oral Drill 17 — (New verb — **решáть/решúть**) When asked if someone is still deciding what to do, indicate that the person has already decided.

— **Вúтя ещё решáет, что дéлать?** ⇨ — ***Нет, он ужé решúл.***

... ещё решáет, что дéлать?

Нáдя

Валентúн Петрóвич

Сóфья Алексáндровна

Грúша и Пéтя

Сóня

Имя и фамилия ______________________

ПИСЬМЕННЫЕ УПРАЖНЕНИЯ

1. (10.1 Resemblance)

A. Indicate that the following people look alike, following the model.

Иван, дочь ⇨ *Иван похож на дочь.*

1. Маша, бабушка
   ____
2. бабушка, сын
   ____
3. этот молодой человек, родители
   ____
4. Вадим, братья
   ____
5. Александр, брат
   ____
6. дедушка, наш президент
   ____
7. Лена, тётя
   ____
8. Анна, сёстры
   ____
9. Сьюзан, наша новая преподавательница
   ____
10. я, ?
   ____

B. Write five more sentences about members of *your* family, based on the model.

11. ______________________
12. ______________________
13. ______________________
14. ______________________
15. ______________________

2. (10.1 Comparing ages)

A. Create grammatically correct sentences from the following strings of words. Do not change word order, but do put the words in the needed case.

1. Витя / моложе / Таня / на / 3 / год

____

2. Таня / старше / Кирилл / на / 6 / год

____

3. Кирилл / старше / Лариса / на / 1 / год

____

4. Лариса / моложе / Вадим / на / 2 / год

____

B. (10.1 — Comparing ages — personalized) Write five sentences comparing the ages of various members of your family.

Мама на три года старше папы.

5. ______________________________

6. ______________________________

7. ______________________________

8. ______________________________

9. ______________________________

3. (10.1 Expressing location)

A. Fill in the blanks with the appropriate word. Consult a map of the U.S. if necessary.

1. Лос-Анджелес на ________________________ от Сан-Франциско.
2. Милуоки на ________________________ от Чикаго.
3. Монреаль на ________________________ от Бостона.
4. Канзас-Сити на ________________________ от Сент-Луиса.
5. Филадельфия на ________________________ от Питтсбурга.
6. Майами на ________________________ от Тампы.
7. Амарилло на ____________________ от Альбукерке.
8. Прово на ____________________ от Солт-Лейк-Сити.
9. Де-Мойн на ________________________ от Чикаго.
10. Сент-Пол на ____________________ от Сент-Луиса.

B. Now describe the location of your hometown with respect to the following cities. Remember that foreign nouns ending in **-о** or **-и** do not decline.

11. Чикаго

____

12. Вашингтон

____

13. Лос-Анджелес

____

14. Сан-Франциско

____

15. Филадельфия

____

4. (10.2 — **поступать / поступить куда, окончить что**)

A. Insert the preposition **в** where needed.

1. Лариса окончила ________ школу в 1993-ем году. Потом она поступила ________ университет.
2. Её знакомые Гриша и Яша уже окончили ________ университет.
3. Когда Гриша окончил ________ университет, он поступил ________ аспирантуру.
4. Брат Ларисы поступал ________ медицинский институт, но не поступил.

B. Express the following questions in Russian. Do not translate word for word; rather, use the needed Russian structures. Use **вы**.

5. When did you graduate from school?

____

6. When did you enter the university?

____

7. When did your mother finish graduate school?

____

8. Will your brother enter an institute when he finishes high school?

____

____

9. Where do Russian students work when they graduate from a university?

____

____

10. Do all Russian schoolchildren apply to the university?

____

____

5. (Education vocabulary — **в классе** vs. **на курсе**) Fill in the blanks with the appropriate words. You should be able to tell what grade or class the people mentioned in number 1 are in from the context.

    1. Аня учится в школе, _____ первом ____________________. Её брат Миша на два года старше. Он учится ________ __________________ ____________________________. Их сосед Андрей поступил в институт в сентябре. Значит, он учится _______ ______________ __________________. Сестра Андрея окончит институт в июне. Значит, она учится _____ _______________ ____________________.

    2. Я учусь _____ _______________ _____________________.

6. (Education vocabulary) Answer the following questions in complete sentences.

    Use the following phrases if you need them:

    - No one is in (grade / high) school = **Никто не учится в школе.**
    - No one is in college / university. = **Никто не учится в университете.**

    1. Сколько классов в американской школе?

    ____

    2. Сколько классов в русской школе?

    ____

    3. Сколько лет учатся американские студенты?

    ____

    4. Сколько лет учатся русские студенты?

    ____

    5. Кто в вашей семье учится в школе? В каком классе?

    ____

    6. Кто в вашей семье учится в университете? На каком курсе?

    ____

Имя и фамилия ______________________________

7. (10.3 Expressing year when — personalized) Answer the questions in complete sentences. If you do not have the relative(s) asked about in a question, skip that question. Write numbers as words, and write in accent marks. Practice saying the sentences until you can do so quickly and confidently.

   1. В каком году вы родились?

      ____

   2. В каком году родились ваши родители?

      ____

      ____

      ____

   3. В каком году родились ваши братья и сёстры?

      ____

      ____

      ____

   4. В каком году родилась ваша жена (родился ваш муж)?

      ____

      ____

      ____

   5. В каком году родились ваши дети?

      ____

      ____

      ____

8. (10.4 — **через, назад**) Pick five questions from the list below and answer them in complete sentences, using a time expression with **через or назад.**

    1. Когда вы окончили школу?
    2. Когда вы поступили в университет?
    3. Когда вы окончите (окончили) университет?
    4. Когда вы были в России?
    5. Когда вы едете в Москву?
    6. Когда вы первый раз ездили в Вашингтон?
    7. Когда вы читали газету?
    8. Когда вы будете читать русские газеты?
    9. Когда вы будете отдыхать?
    10. Когда вы будете смотреть телевизор?

____

____

____

____

____

____

____

____

____

____

____

9. (10.5 Verb aspect — past tense) Circle the imperfective verbs and underline the perfective verbs. Be prepared to explain the reason for the aspect choice.

1. Вчера Лена долго читала книгу. Наконец она её прочитала.
2. Андрей долго писал письмо. Теперь он его написал.
3. — Американцы часто переезжают?
   — Да. Мы, например, переезжали часто. Когда мне было 10 лет, мы переехали в Чикаго.
4. — Вы обедаете?
   — Нет, уже пообедала.
5. Вы читали «Братьев Карамазовых»?
6. — Вы слушаете запись?
   — Мы её уже послушали. Теперь слушаем музыку.
7. — Вы уже купили новый шарф?
8. — Что вы делали вчера?
   — Ходила в кино, читала, отдыхала.
9. — Вы вчера писали письмо?
   — Да, и написала.
10. Мы пошли в центр, купили фрукты и приготовили вкусный ужин.
11. Соня обычно покупала газету, но вчера Витя её купил.
12. На прошлой неделе Гриша читал газету каждый день. Вчера он читал роман.
13. Вера часто заказывала стол в ресторане.
14. Лара редко заказывала билеты, она обычно покупала их в театре.
15. Мы заказали билеты в театр.

10. (10.5 Verb aspect — past tense) You do not know every word in this passage, but you should be able to understand a great deal of it if you skim it. Then read it again, paying special attention to the verbs in boldface. Are they imperfective or perfective? Why?

Здравствуйте. Меня зовут Анна. Я **родилась** в Берлингтоне, штат Вермонт. Но когда мне было два года, наша семья **переехала** в Вашингтон. Я там и **выросла.** Когда я была маленькой, я всё время **читала.** Родители меня всегда **спрашивали:** «Что ты всё время сидишь дома? Ты лучше иди на улицу.» А я всегда **отвечала:** «Мне и так хорошо.» Родители ничего не **понимали.** Когда мне было семнадцать лет, я **поступила** в университет на факультет английского языка. В университете **училась** очень хорошо. Все преподаватели мне **советовали** поступить в аспирантуру. Но у меня не было денег. Поэтому когда я **окончила** университет, я **решила** пойти работать. Я **думала** так: «Сначала я поработаю, заработаю деньги, потом **поступлю** в аспирантуру. Через два года я **поступала** в Мичиганский университет, но не **поступила.** Наконец, в 1991-ом году, я **поступила** в аспирантуру. Моя специальность — американская литература. Как видите, всё хорошо, что хорошо кончается.

11. (10.5 Verb aspect — past tense) Circle the appropriate verbs.

1. Вчера мы (покупали / купили) газету вечером, но раньше мы всегда (покупали / купили) её утром.

2. Когда мы жили в Воронеже, мы часто (заказывали / заказали) билеты в театр. Мы их (заказывали / заказали) по телефону.

3. Наша семья часто (переезжала / переехала). Например, в 86-ом году мы (переезжали / переехали) в Кливленд, а в 87-ом году мы (переезжали / переехали) в Олбани.

4. Раньше Ксана всегда (читала / прочитала) Толстого. Вчера она (читала / прочитала) книгу Достоевского.

5. Петя часто (писал / написал) письма.

6. Наташа и Вера редко (покупали / купили) книги. Они обычно (читали / прочитали) их в библиотеке. Но вчера они (покупали / купили) книгу.

7. — Надя показывает квартиру?
   — Она её уже (показывала / показала).

8. — Что делал Ваня вчера? Он (рассказывал / рассказал) о семье.

9. — Ваня рассказывает о семье?
   — Он уже всё (рассказывал / рассказал).

10. — Дети обедают?
    — Они уже (обедали / пообедали).

11. — Что делали дети?
    — Они (обедали / пообедали).

12. — Вы ужинаете?
    — Нет, мы уже (ужинали / поужинали).

13. Когда Ване было 10 лет, он всегда (читал / прочитал) книги.

14. Мы часто (писали / написали) письма.

15. Вчера мы (покупали / купили) продукты, (готовили / приготовили) ужин и (ужинали / поужинали) дома.

16. Раньше мы редко (покупали / купили) продукты и (ужинали / поужинали) дома.

17. Вчера мы весь день (готовили / приготовили) ужин.

12. (10.5 Verb aspect — past tense) Fill in the blanks with an appropriate past-tense verb.

1. — Вы обедаете?
   — Нет, мы уже ______________________________.
2. — Вы читаете газету?
   — Нет, я её уже______________________________.
3. — Вы готовите ужин?
   — Нет, мы его уже ______________________________.
4. — Мария пишет упражнение?
   — Нет, она его уже______________________________.
5. — Алёша смотрит программу?
   — Нет, он её уже______________________________.
6. — Дети показывают фотографии?
   — Нет, они их уже ______________________________.
7. — Рик рассказывает о себе?
   — Нет, он уже ______________________________.
8. — Он поступает в аспирантуру?
   — Он уже ______________________________.
9. — Она переезжает?
   — Она уже ______________________________.
10. — Кира решает, где учиться?
    — Она уже ______________________________.
11. — Виктор завтракает?
    — Он уже ______________________________.
12. — Шура заказывает стол в ресторане?
    — Она его уже ______________________________.
13. — Вы покупаете словарь?
    — Мы его уже ______________________________.
14. — Дети ужинают?
    — Они уже ______________________________.

Имя и фамилия ________________________________

13. (10.6 **ездил** vs. **поехал, ходил** vs. **пошёл**) Fill in the blanks with the appropriate form of the needed verb.

1. — Где Иван?

   — Он ________________________ в Москву.

2. — Где была Маша неделю назад?

   — Она __________ в Киев.

3. — Где Анна?

   — Она _____________________ в кино.

4. — Где она была вчера?

   — Утром ______________ на рынок.

5. — Где были родители?

   — Они ________________ в Калинин.

6. — Где дети?

   — Они _________________________ в школу.

7. — Где Андрей?

   — Он ____________________ в Санкт-Петербург.

8. — Где вы были неделю назад?

   — Мы ______________ в Ереван.

9. — Где вы были во вторник?

   — Мы ______________ в зоопарк.

10. — Где профессор?

    — Он ___________________ в библиотеку.

14. (10.7 *Have been doing*) How would you ask a friend how long she has been doing the following things? Write down your questions.

Я учусь в университете. ⇨ *Сколько времени ты там учишься?*

1. Я живу в общежитии.

   ____

2. Родители живут в Петрозаводске.

   ____

3. Я изучаю английский язык.

   ____

4. Я ещё знаю немецкий язык.

   ____

5. Я читаю интересный роман Воннегута.

   ____

15. (10.7 *Have been doing* — personalized) Complete the following sentences so that they are factually and grammatically accurate.

1. Я давно ____
2. Мои родители давно ____
3. Мой сосед/соседка по комнате____________________________________
4. Мой брат/ьоя сестра ____
5. Я знаю русский язык ... ______________________________________

16. (Review) Compose an accurate paragraph in Russian by putting the correct endings on the following elements. Do not change word or sentence order, and do not add any words.

У / Кирилл / и / Елена / двое / дети. Сын / уже / учиться / в / институт. Он / туда / поступить / два / год / назад. Его / сестра / ещё / учиться / в / школа. Она / учиться / в / десятый / класс. Когда / она / окончить / школа, / она / хотеть / пойти / работать.

____

____

____

____

____

____

____

____

____

____